Karl Theodor von Heigel

Die Wittelsbacher in Schweden

Karl Theodor von Heigel

Die Wittelsbacher in Schweden

ISBN/EAN: 9783742839084

Hergestellt in Europa, USA, Kanada, Australien, Japan

Cover: Foto ©ninafisch / pixelio.de

Manufactured and distributed by brebook publishing software (www.brebook.com)

Karl Theodor von Heigel

Die Wittelsbacher in Schweden

Die
Wittelsbacher in Schweden.

Festrede

gehalten

in der

öffentlichen Sitzung der k. b. Akademie der Wissenschaften
zu München

zur Feier ihres einhundert und zweiundzwanzigsten Stiftungstages

am 28. März 1881

von

Karl Theodor Heigel
Reichs-Archiv-Assessor
a. o. Mitglied der historischen Classe der k. Akademie.

München 1881.
Im Verlage der k. b. Akademie.

In guter Absicht gab Gustav Adolf seiner Tochter und Thronerbin eine durchaus männliche Erziehung,¹) doch gereichte die ungewöhnliche Methode Christinen nicht zum Heil. Die Entwicklung ihrer Verstandeskräfte, ihr Lerntrieb und ihre Gelehrsamkeit würden auch heute noch an einer Frau überraschen, aber bei diesem intellektuellen Reichthum fehlte ihr ein gewisser nüchterner und schlichter Sinn für die zweckmässige Anwendung. Anstatt festen Willens, klarer Ueberzeugung und unverrückbarer Ziele hatte sie kleinlichen Eigensinn, dunklen Drang und schwärmerische Sehnsucht. Dieser Fehler im Temperament führte die Tochter des Reformationshelden, die Schülerin und Freundin der Philosophen, nach Rom. Ihrer persönlichen Freiheit zulieb will sie dem Glanz der Krone entsagen, aus gemüthlichem Unbehagen aber durch Unterwerfung unter päpstliche Autorität auf Freiheit des Willens verzichten.

Dieser wunderliche und doch so erklärliche Entschluss brachte eine Linie des Wittelsbachischen Hauses auf Schwedens Thron, und auf die Regierung der wankelmüthigen Christine folgt das Regiment von drei Königen, die, geborne Herrscher voll Kraft und Energie, für Schweden das Zeitalter Gustav Adolfs noch einmal heraufführten und durch ihre Thaten die Welt in Staunen setzten.

Ihr Andenken zu feiern, ziemt sich nirgend besser als hier, denn auch als Könige Schwedens führten sie Titel und Wappen von Pfalzgrafen bei Rhein und Herzogen von Bayern fort.²) Wer heute das grossartige Nationalmuseum auf Blasiiholmen in Stockholm besucht, wird allerorten unter den ruhmvollsten Reliquien die bayerischen Rauten und den Pfälzer Löwen schimmern sehen.

Auch regierende Herzoge von Zweibrücken waren (seit 1681) jene Könige.³) Söhne der Pfalz kämpften unter den Tapferen von Narwa und Gurau; die Getreuen mussten, da ihnen einige deutsche Reichsstände den Durchzug wehrten, den Weg nach Polen über die Ostsee nehmen.

Und um so dringlicherer Anlass ist geboten, der Geschichte jener Wickinger der neuen Zeit näher zu treten, da ein erleuchtetes Mitglied unserer Akademie, Schwedens erster Historiker, Frederik Carlson, für die Geschichte Karl's X. und seines Sohnes aus handschriftlichen Quellen neue Aufschlüsse in reichstem Masse bot.⁴) Zwar steht noch zu erwarten, dass er durch Schilderung der Thaten Karl's XII. sein epochemachendes Werk zum Abschluss bringe, allein schon jetzt sind auch über diese letzte Periode so viel neue Quellen in jüngster Zeit erschlossen worden, dass die Gestalt des „blauen Königs" in völlig verändertem Lichte erscheint. —

In der pfälzischen Linie der Wittelsbacher galt nicht, wie seit dem sechzehnten Jahrhundert in der bayerischen das Recht der Erstgeburt, sondern es wurde an der Gewohnheit der Theilung festgehalten, so dass sich fort und fort neue Seitenlinien bildeten. Der geringfügigste Besitz, fast nur auf Burg und Dorf Kleeburg beschränkt, war Johann Casimir, dem Bruder des regierenden Herzogs Johann II. von Zweibrücken, zugefallen. So erklärt sich, dass er gleich anderen deutschen Fürsten sein Glück in der Fremde suchte und sich an den Hof des Schutzherrn seiner Glaubensgenossen, Gustav Adolfs begab. Durch treue Ergebenheit und tüchtige Dienste gewann er die Gunst des Königs in so hohem Masse, dass er ihm die Hand seiner Schwester Katharina bewilligte und den ersten Platz unter den schwedischen Grossen einräumte.⁵)

Während Johann Casimir noch wiederholt in sein deutsches Heimatland zurückkehrte und dem pfälzischen Kurhaus die Hilfe

Schwedens vermittelte, fühlte sich sein Sohn Karl Gustav, auf schwedischem Boden zu Nyköping geboren, auch ganz als Schwede.

Karl Gustav lernte in der Jugendzeit am Hofe zu Paris französische Bildung kennen, doch seine eigentliche Schule war der Krieg. Während des grossen deutschen Krieges geboren, hatte er von Kindheit an nur von Schlachten und Belagerungen und Stürmen gehört, wie sollte da nicht die Vorliebe für das Kriegshandwerk, das damals als der wahre Beruf des Fürsten galt, in ihm gross wachsen? Als er das neunzehnte Jahr erreicht hatte, liess ihn der Drang, an Gefahren und Ehren der Schweden in Deutschland Theil zu nehmen, nicht länger ruhen. „Ich bekenne," schrieb er an den Vater, „dass Gott mir von Natur ein lebhaftes Verlangen einflösste, mein Glück mit dem Schwerte zu suchen." [6])

In Torstenson's Heer erfocht er sich die Sporen, als selbständiger Heerführer commandirte er die Schweden vor Prag; als der Osnabrücker Friede endlich dem furchtbaren Kriege ein Ende setzte, kehrte er nach Schweden zurück. Seine Hoffnung und der Wunsch der Nation, dass ihm Königin Christine die Hand reichen werde, erfüllte sich nicht. Christine war nicht sowohl diesem Werber, als dem Ehestand überhaupt abhold. Sich die volle Unabhängigkeit für immer zu retten und zugleich den Verwandten für alle vereitelten Hoffnungen zu entschädigen, gab es denn freilich nur ein Mittel: Verzicht auf die Krone zu Gunsten des Vetters. Christinens erste Eröffnungen hierüber nahm Karl Gustav unfroh entgegen. Mit Aufrichtigkeit, wie wir glauben, denn mit der Macht wuchs die Verantwortung und an die veränderte Conjunctur knüpften sich unberechenbare Schwierigkeiten. „Ich betheuerte," so erzählt er selbst, „dass ich nichts Anderes verlange als die Heirat; benehme man mir diese Hoffnung, so wollte ich mich lieber mit einem Stück Brot begnügen und Schweden niemals wieder sehen." Das sei Fanfaronade, meinte Christine, Gott selbst habe ihren tapferen Vetter zu höherem bestimmt, als dass er auf des Vaters Gütern als Maier sitze. [7]) Sie gab nunmehr Absicht und Beschluss auch den Ständen kund; diese erwiderten, dass sie zwar Herrn Karl Gustav alles Gute wünschten, doch nur zur Vermählung rathen könnten. Allein die Ausstellungen ihrer Räthe erschütterten sie ebensowenig wie des Vetters ritterliche Haltung. Sie setzte es allen Rücksichten und Schwierigkeiten zum Trotz durch, dass Karl Gustav zum Thronfolger ernannt wurde. Nun war nur noch der letzte Schritt zu thun. Aus den Schätzen lateinischer Bildung hatte sie heisse Sehnsucht nach dem „einzigen" Rom gesogen, und dem Wunsche, das rauhe Taurien zu verlassen und das klassische Welttheater zu betreten, alle anderen Güter opfernd, legte sie am 25. Februar 1654 die Krone nieder. Nur noch bis zur Krönungsfeier ihres Nachfolgers blieb sie in Stockholm, dann verliess sie ihr Heimatland. Als sie zu einem Bächlein kam, das damals die Grenze zwischen Dänemark und Schweden bildete, stieg sie aus dem Wagen und überhüpfte die Wasserfurche mit dem freudigen Ausruf: „Endlich bin ich frei."

Karl Gustav war damals 32 Jahre alt. Er war nicht von hohem, aber kräftigem Wuchs, dabei rasch und gewandt in allen Bewegungen; das unschöne Antlitz wurde belebt durch feurige Augen, dunkles Haar hing in natürlichen Locken auf den Nacken herab.[6] Sein Wesen hatte etwas Leutseliges und Herzgewinnendes, aber zugleich angeborne Majestät, die jede unziemliche Vertraulichkeit ablehnte.

Mit kräftiger Hand ergriff er die Zügel der Regierung und suchte den Missständen, die in Folge der unsicher hin und her tastenden inneren Politik Christinens gross gewachsen waren, zu steuern. Er sah sich dabei von der Sympathie des Volkes unterstützt, während freilich der Adel de la vieille roche mit Missvergnügen des Königs Energie gewahrte. Zum Glück für ihn waren diese in Schweden reicher denn irgendwo mit Vorrechten ausgestatteten Stände unter sich zerklüftet und zerfahren, so dass es ihm ohne gefährliche Intriguen möglich war, nur durch Klugheit und Beharrlichkeit eine Stellung über den Parteien zu behaupten.

Allen Zweigen der Verwaltung wandte er gleiche Sorgfalt zu, er begnügte sich nicht damit, neue Gesetze zu geben, sondern überwachte auch aufs Strengste ihre Ausführung und prüfte ihren praktischen Erfolg. Es kann hier nicht näher auf diese reiche Thätigkeit eingegangen werden, wir können aber ein Zeugniss des trefflichsten Gewährsmannes anführen: Carlson tritt der traditionellen Vorstellung, als beschränke sich Karl's X. Geschichte auf eine Darstellung seiner Kriege, mit Entschiedenheit entgegen, weit höher als diese kriegerischen Thaten sei sein Verdienst um Hebung des Wohlstands und der Sicherheit im Lande anzuschlagen.

Freilich blieb dieses Streben nicht lange ungestört. Seiner äusseren Politik möchte man auf den ersten Blick den Vorwurf der Unbeständigkeit machen, allein der häufige Wechsel ist nicht etwa auf Unselbständigkeit des Monarchen, sondern auf die Unsicherheit seiner Hilfsmittel zurückzuführen. „Schweden, mit einer noch schwachen Grundlage für seine innere Macht, aber immer vorwärts strebend, sich einen Platz unter den grossen Mächten des Welttheils zu bereiten: das ist das Schauspiel, welches Karl's X. Regierung darbietet." [9]) Unermüdet spähte der Kluge, wo sich günstige Gelegenheit biete, suchte bald hier, bald dort Unterstützung und Bundesgenossen zu gewinnen, allein keine Rücksicht und Hoffnung konnte ihn je bewegen, sich einer fremden Macht dienstbar zu machen. Vergebens bot der schlaue Lenker der Geschicke Frankreichs, Cardinal Mazarin, seine Künste und Schätze auf, den thatkräftigen nordischen König gefügiger zu machen: nur schwedische, nicht französische oder habsburgische Politik wollte Karl treiben, nur die Bedürfnisse des Landes waren Ziel und Zweck für sein Handeln. Gerne hätte er dem Lande die Segnungen des Friedens gewahrt, allein es war gegenüber der Anmassung und den Drohungen Polens unmöglich. Sass ja doch auf polnischem Thron ein Wasa, der nicht vergessen konnte, dass ihm ein natürliches Erbrecht auf Schwedens Krone zustehe. [10]) Polen vor Allem musste in die gebührenden Schranken zurückgewiesen werden, doch entging dem klaren Blick des Königs von vorneherein nicht, wo der gefährlichste Widersacher Schwedens zu suchen sei. „Unser höchstes Interesse ist," schreibt er vor Ausbruch des Kriegs an den Gouverneur Lievlands „den Russen von der Ostsee abzuwehren und zu verhüten, dass er Kurland an sich reisse, wodurch er unsere Schiffahrt verderben und Lievland umgarnen könnte". [11])

Sein Grundsatz war, dass jeder Krieg so rasch als möglich zu Ende geführt, d. h. der Gegner so rasch als möglich niedergeworfen werden müsse. In diesem Sinne sprach er, als er am 10. Juli 1655 das Schiff bestieg, nun sollte ihn auch derjenige, der ihm mit grösster Eile nachreisen wollte, nicht mehr in Warschau, noch in Krakau einholen.

Das kühne Wort wurde zur That. Karl Gustav drang in raschem Siegeslauf bis Warschau, bis Krakau vor. Wo die Schweden von ihm geführt wurden, glückte auch das Schwerste. Vor Kurzem noch hatte Casimir von Polen auf das Reich des „Eindringlings" Karl begehrliche Blicke geworfen. Jetzt war sein eigenes ein Opfer der inneren Zwietracht, eine Beute der feindlichen Waffen. [12])

Die Tapferkeit und Ausdauer der schwedischen Truppen war von Alters her unbestritten, den Vorwurf geringer Beweglichkeit [13]) hatten sie schon im deutschen Kriege thatsächlich widerlegt, jetzt vollends setzte die Schnelligkeit und Sicherheit der schwedischen Operationen alle Welt in Staunen. Und doch vergass der jugendliche Feldherr nie die nötige Vorsicht: der Kühnheit des Angriffs entsprach die Sorglichkeit der Vorkehrungen zur Behauptung der gewonnenen Vortheile. Auch der Laie muss aus Puffendorf's ausführlicher und durch treffliche, nach der Natur aufgenommene Pläne und Abbildungen [14]) unterstützter Darstellung die Ueberzeugung gewinnen, dass nur ein hervorragender Feldherr und ein treffliches Heer so viel physische und geistige Kraft einem an Zahl weit überlegenen Feind entgegensetzen können.

Dessenungeachtet standen die Früchte dieser vielen Siege nicht im Verhältniss zu ihrer Glorie. Alle europäischen Mächte sahen mit scheelen Augen auf den Aufschwung Schwedens, auf die selbständige Stellung, die sich der König durch eigene Kraft eroberte.

So stiess er denn bald auf Hindernisse, welche ihm die zweckmässige Ausbeutung seiner Erfolge unmöglich machten. Auch stellte sich mehr und mehr heraus, dass die rasche Unterwerfung Polens nur eine Veränderung auf der Oberfläche herbeigeführt hatte, dass die stolzen Magnaten, wie das streng katholische Landvolk in Polen einer Unterordung unter schwedisches Regiment auf's heftigste widerstrebten.

Die gleichsam spielend errungenen Triumphe waren verrauscht; der ernstere, gefährlichere Kampf begann. Allerorten im Polenland loderte der Aufstand empor, es war unmöglich, der elementaren Gewalt eines Volkskriegs mit einem durch langwierige Kämpfe geschwächten Heere zu begegnen, der Rückzug war unvermeidlich. Allein gerade in Noth und Drangsal leuchtete die Thatkraft des Königs heller als im glänzenden Siegeslauf. Fünf Polen standen in der grossen Schlacht bei Warschau gegen einen Schweden, aber nicht die Uebermacht, sondern Geschick und Tapferkeit entschieden den Sieg.

Er brachte Erleichterung der Lage, noch nicht die Rettung, denn mit den Polen traten jetzt Oesterreich und Dänemark in engen Bund. „Ich zweifle nicht," sprach Karl Gustav unverzagt, „dass Gott uns hilft, wenn wir uns helfen wollen." [16]) Der gefährlichen Vereinigung seiner Feinde beschloss er durch raschesten Angriff auf Dänemark zuvor zu kommen. Jütland war bald unterworfen, aber nun stand das Schwedenheer vor der durch Winterstürme wildbewegten See. An Ueberfahrt war nicht zu denken, und doch konnte nur der Fall der dänischen Hauptstadt die Entscheidung bringen. Jede Zögerung musste verderblich werden. Bis zum Frühjahr konnte Dänemark seine Rüstungen und die Befestigung der Hauptstadt vollenden, Oesterreich seine Streitmacht an's Gestade des Baltischen Meeres werfen, der ehrgeizige und energische Kurfürst Friedrich Wilhelm von Brandenburg zum Angriff auf das längstbegehrte Schwedisch-Pommern schreiten. Auch England und Holland wollten nur den günstigsten Augenblick erspähen, um in die Aktion einzutreten. Ehe das gefährliche Netz um sein Haupt zusammengezogen wäre, musste Karl die Entscheidung suchen, die eiserne Notwendigkeit entschuldigte auch ein verwegenes Wagniss, und der König zauderte denn auch nicht länger, als im Jänner 1658, wie einer von Karl's Diplomaten sich ausdrückt, „Gott selbst für Karl Gustav und die schwedische Armee eine Brücke über das Meer legte." An Durchführung des tollkühnen Planes, sein Heer über den grossen und kleinen Belt zu führen, um in's Herz des dänischen Reichs den vernichtenden Stoss zu führen, setzte er sein eigenes Leben auf's Spiel, und seine Gegenwart war den Soldaten ein Pfand sicheren Gelingens.[16])

Angesichts des auf der Insel Fünen wohlverschanzten Feindes betrat das schwedische Heer am 9. Februar 1658 den gefrornen Belt. Die Reiter mussten absitzen und die Rosse am Zaume führen, die Geschütze wurden auf Schleifen behutsam fortgezogen, denn die Eisdecke war dünn und schwankte unter der ihr aufgebürdeten schweren Last. Wohl schreckte unheimliches Knistern und Krachen Mann und Ross, wohl riss das Geschützfeuer der Feinde ganze Reihen nieder, aber der König, nicht achtend der um ihn sausenden Kugeln und Eissplitter, bewahrte unerschütterliche Ruhe und ritt für Freund und Feind leicht erkennbar seinem Gefolge voran.

Plötzlich bricht das Eis, zwei Reiter-Compagnien verschlingt die schwarz emporquellende Woge. Auch im Rücken des Heeres donnert das weithin berstende Eis, überall stockt der Angriff, überall zaudern die sonst so Muthigen, — nur ihr Führer schwankt keinen Augenblick. Weit entfernt, seine eigene Person in Sicherheit zu bringen, reitet er unaufhaltsam voraus über die hallende Fläche. Eine Kugel streift sein Auge, Blut überströmt sein Antlitz — er reitet voraus. „Blas't! Blas't!" ruft er den Trompetern zu, und der kriegerische Klang und mehr noch der Anblick ihres Heldenkönigs belebt die Truppen mit neuer Zuversicht. Todesmuthig stürmen sie gegen den Feind und zersprengen ihn trotz seiner gedeckten Stellung, auf den genommenen Schanzen begrüsst das schwedische Heer seinen König mit donnerndem Victoria! Der Besitz der Insel Fünen ist der Preis des Sieges.

Aber das Schwerste ist noch ungethan. Ein zweiter, breiterer Meeresarm, der grosse Belt, liegt zwischen dem Sieger und seinem Ziel Kopenhagen. Nach mehreren Tagen banger Erwartung trifft endlich im Lager Karl's die Kunde ein: Der Belt ist zugefroren! „Jetzt, Bruder Fredrik," ruft König Karl, „jetzt werden wir uns auf gut schwedisch sprechen!"

In der Nacht vom 15. auf den 16. Februar 1658 wird der gefährliche Marsch, der seines Gleichen nicht in der Kriegsgeschichte aller Völker hat, angetreten. Von der Südspitze Fünen's aus mussten die Inseln Langeland, Laaland und Falster und endlich die letzte Meerenge überschritten werden.

Eine furchtbare Nacht! Sturm umtobt die schweigend vorrückenden Heeresmassen. Kurz vorher hatte Thauwetter die Eisdecke so erweicht, dass die Soldaten durch fusshohes Wasser waten mussten. Stellenweise gerieth die Fläche in wellenförmige Bewegung, jeden Augenblick musste man fürchten, das offene Meer zu finden. Alle Fährnisse und Schrecken waren jedoch nicht im Stande, die Tapferen zu hemmen, am 16. Februar stand das schwedische Heer auf der Insel Seeland.

Kopenhagen schien verloren. Zwar hatten die Schweden über kein Belagerungsgeschütz zu verfügen, sodass an Eröffnung einer förmlichen Belagerung nicht zu denken war, allein ein rascher Sturm konnte vielleicht die Stadt in Karl's Gewalt bringen. Vielleicht! Vielleicht vergeblich sein! So erwog der königliche Feldherr, der vor der feindlichen Hauptstadt ein verschanztes Lager bezogen hatte. Wohl mochte, wenn er im Morgensonnenschein die Thürme und Schlosszinnen Kopenhagen's herüberblitzen sah und hinwieder auf sein sieggekröntes Banner den Blick richtete, ein strahlendes Ziel vor seinen Sinnen auftauchen: die drei Kronen wieder zu vereinigen, die gleich Molin's berühmten „Bältespännare" (Gürtelkämpfern) grimmig ringenden Brüder zu einigen und ein grosses scandinavisches Reich zu gründen.

Allein es lag nicht in Karl Gustav's Art, den Bogen zu überspannen. Die Gefahren seiner eigenen Lage erwägend, nahm er den angebotenen Waffenstillstand an, dem am 8. März 1658 der Roeskilder Friedensschluss folgte. Schoonen, Bleckingen und Drontheim wurden von Dänemark an Schweden abgetreten, das erst durch diese Erwerbungen ein geschlossenes Ganzes wurde.

Der Roeskilder Friede bezeichnet den Höhepunkt der Erfolge Karl's X. Kardinal Mazarin äusserte damals, er bewundere diesen Friedensschluss mehr als den Uebergang über den Belt, denn hier habe der Schwedenkönig bewiesen, dass er nicht nur Andere, sondern sich selbst beherrschen könne. [17])

In heller Siegesfreude gab Karl vom Feldlager aus Befehl, zur Verschönerung der Hauptstadt umfassende Anstalten zu treffen; auch das Königsschloss an der Salzsee sollte glänzender sich erheben. Der König selbst gab die genauesten Weisungen für den Bau. Aber gleichzeitig dachte er auch auf pünktlichste Regelung des Staatshaushalts als feste Grundlage für künftige Siege. Die Anordnung, dass die Rentenkammer im königlichen Schloss selbst Gemächer erhalte und zwar so nah als möglich seinen eigenen Wohnräumen, charakterisirt sein Wesen.

Grosses war durch den Roeskilder Frieden erreicht, aber Polen und Oesterreich waren unversöhnte Feinde Schwedens, und der grosse Kurfürst von Brandenburg liess es mindestens zweifelhaft, zu wessen Gunsten er in der entscheidenden Stunde den Degen in die Wagschale werfen werde. Es gewährt hohes Interesse, an der Hand der in jüngster Zeit veröffentlichten diplomatischen Papiere [18]) zu verfolgen, wie Karl Gustav und Friedrich Wilhelm, beide ebenso scharfsichtig wie ehrgeizig, sich unablässig im Auge behielten und überwachten. Zwar war die Demüthigung Polens auch für das brandenburgische Haus ein Vortheil, da sich daran die Hoffnung auf Erlangung der Souveränität des Herzogthums Preussen knüpfte, aber ein aufrichtiges Einverständniss zwischen Brandenburg und Schweden war, so lange die deutschen Ostseeufer in schwedischem Besitz blieben, nicht auf die Dauer möglich, waren ja doch ohnehin in jenen unruhigen Zeiten die Begriffe Nachbar und Feind ziemlich synonym.

„Es ist unsere Armee," schrieb Karl an Björnklo, „durch welche allein wir unsere und unserer Länder Wohlfahrt aufrecht erhalten können." Die Lage verschlimmerte sich noch, als auch Dänemark durch seine früheren Bundesgenossen gezwungen wurde, auf's Neue in den Kampf einzutreten. Um den Friedensbruch zu strafen, rückte Karl zum zweitenmal vor Kopenhagen, aber die Bürger selbst steckten die Vorstädte in Brand, damit der Feind für den Angriff keine Schutzwehr finde, und rüsteten sich zum Widerstand bis zum Aeussersten. Als überdies holländische Kriegsschiffe zum Schutz der gefährdeten Stadt herbeieilten und die kleine schwedische Flotte sich nach ehrenvollem Kampf zum Rückzug genötigt sah, konnte die Belagerung nicht länger fortgesetzt werden. Jetzt liess auch der Brandenburger sein wohlgerüstetes Heer zu Schwedens Feinden stossen. „Ich fühle aufrichtige Bewunderung vor des Schwedenkönigs unerschrockenem Muth," äusserte Mazarin, „wenn ich betrachte, wie er, obgleich er schon sechs mächtige Feinde gegen sich hat, dennoch sich nicht veranlasst sieht, nur die geringste Aenderung in seinen Plänen zu treffen, sondern im Gegentheil der Palme gleich sich immer mehr erhebt, je mehr man sich bemüht, ihn zu beugen." [19])

Während der König, unterstützt von tüchtigen Generälen, überall den Ruhm der schwedischen Waffen aufrecht erhielt, war er ebenso unermüdlich bemüht, durch diplomatische Künste die Liga seiner Feinde zu sprengen. Er vermochte aber nur Russland zum Abschluss eines Waffenstillstands zu bewegen, dagegen beraubte ihn der Tod Cromwell's des einzigen Freundes unter den europäischen Mächten; auch England verpflichtete sich jetzt, Schweden zum Verzicht auf die durch den Roeskilder Frieden gewonnene Beute zu nötigen.

Noch stand das schwedische Heer, den Sund beherrschend, im Herzen des dänischen Reiches, noch war Nichts verloren, Alles zu gewinnen, da raffte den Mann, an dessen Lebensfaden das Glück seines Heeres und seiner Nation hing, ein Fieberanfall hinweg. Am 13. Februar 1660 verschied er; das letzte Wort des unerschrockenen Kriegshelden war: Friede! Mit ihm sanken in's Grab die weitgehenden, wohldurchdachten Pläne einer Reform der inneren Zustände Schwedens. An unbeugsamem Muth, Scharfblick und Spannkraft des Körpers und des Geistes hatte er nicht seines Gleichen unter den Zeitgenossen. „Aber niemals," sagt Carlson, „hat er seine Grösse von derjenigen Schwedens geschieden; er hat nicht den Ruhm oder das wechselvolle Leben des Kriegs um seiner selbst willen gesucht, sondern nur als einen Weg zur Grösse des Vaterlands, unzertrennlich von seiner eigenen." [20]

Karl's X. Erbe war ein vierjähriges Kind. Das Testament des verstorbenen Königs ordnete eine Regentschaft an, die möglichst unabhängig vom Reichstag die Rechte des minderjährigen Thronerben wahren sollte. Allein die Adelspartei wollte sich diese Gelegenheit, ihre schon durch den ersten Pfälzer auf schwedischem Thron wesentlich eingeschränkte Macht wieder zu gewinnen, nicht entgehen lassen und bestritt die Giltigkeit der testamentarischen Bestimmungen, während die übrigen Stände auf Seite der Regierung traten. Es kam zwar ein Compromiss zu Stande, aber dadurch war der Gegensatz der Parteien nur verhüllt, nicht ausgeglichen. Ueberdies steigerte noch ein Versuch der aus Rom nach Schweden zurückgekehrten Christine, ihre eigenen Thronansprüche wieder geltend zu machen, die Schwierigkeiten und die Verwirrung. In solcher Bedrängniss konnte die vormundschaftliche Regierung nicht daran denken. Karl's X. Errungenschaften, die das Baltische Meer in einen Binnensee Schwedens verwandelt hatten, zu behaupten; im Frieden zu Oliva 1660 wurden fast alle eroberten Gebiete zurückerstattet.

Die nimmer endenden inneren Wirren lieferten den betrübenden Beweis, dass die Festigung des inneren Staatslebens nicht gleichen Schritt gehalten hatte mit dem Waffenruhm. Dem Glanz der äusseren Erscheinung entsprachen nicht die Kraft und die natürlichen Hilfsmittel der Nation. Schweden selbst war dünn bevölkert; die Verschmelzung der eroberten Provinzen mit dem Stammland war noch nicht gelungen, sie konnten nur mit bewaffneter Hand von Aufstand und Abfall zurückgehalten werden. Der schwedische Bauernstand war durch die schweren Opfer der langen Kriege erschöpft; die Kriegsbeute war ja fast ausschliesslich den adeligen Domanialbesitzern zu Gute gekommen. Nur auf die Armee war Schwedens Ansehen in Europa begründet. Frankreich, dessen leitende Staatsmänner die Finanznot Schwedens recht gut kannten, bot auf's Neue für ein Bündniss, das die schwedische Armee der französischen Eroberungspolitik dienstbar mache, beträchtliche Subsidienzahlungen. Jetzt gieng auch die Regentschaft bereitwillig darauf ein, und gelobte dem „grossmüthigsten" König „unsterbliche" Dankbarkeit. Nicht einmal in den Regierungskreisen herrschte soviel Eintracht, dass man den von allen Seiten drohenden Gefahren mit vereinten Kräften begegnet hätte. „Schweden," schrieb der französische Gesandte 1667 an seinen Hof, „ist nicht mehr jenes Land, welches sich im deutschen Kriege nicht minder durch die Weisheit seiner Rathschläge, als durch die Stärke seiner Waffen auszeichnete; Nichts ist jetzt schwerer, als zu wissen, wo die regierende Gewalt eigentlich ihren Sitz hat."[11]) Die Einen wünschten, um ihre Interessen sicherer wahren zu können, Frieden um jeden Preis, die Anderen Krieg um des Krieges willen, das allgemeine Wohl war fast immer und überall egoistischen Trieben hintangesetzt.

Die Sorge um des jungen Königs Erziehung lag zunächst der wenig energischen Mutter ob. Auch den übrigen Mitgliedern der Regentschaft war ein gewisses Aufsichtsrecht eingeräumt, allein sie hatten ja um wichtigere Dinge zu hadern, als um pädagogische Gesichtspunkte. So wuchs der Knabe auf, wie ein von den Gärtnern vernachlässigter Baum; Nichts geschah, um das heftige Temperament des Knaben zu mildern oder seinen trotzigen Eigenwillen zu brechen. Nur den ritterlichen Uebungen widmete er Eifer, wissenschaftliches Studium und was immer ihn auf seinen Regentenberuf vorbereiten sollte, war ihm verhasst. Im Jünglingsalter fand er noch immer Gefallen an albernen Spielen und wies jede ernstere Thätigkeit zurück. So liess sich denn auch von seiner Thronbesteigung für den Staat keine bessere Wendung erwarten. In der That schien sich auch, seitdem Kanonendonner und Trompetenschall von Skeppsholmen herab die Thronbesteigung des Sechzehnjährigen verkündet hatten, die Lage Schwedens eher noch verschlimmern zu wollen.

Noch in den letzten Monaten ihres Regiments hatten die Vormünder des Königs, durch reiche Goldspenden dienstbereit gemacht, die Allianz mit Frankreich erneuert und dadurch Schweden in eine unabsehbare Reihe gefährlichster Kämpfe mit den Nachbarn, die gegen Ludwig's XIV. Eroberungspolitik Front machten, hineingezogen. Auch der Wehrstand war inmitten der allgemeinen Zwietracht und Ohnmacht nicht ungeschädigt geblieben. Mit mangelhaft geübten Truppen und ungeordneten Finanzen trat Schweden in den Krieg ein. Alle möglichen Scheingründe wurden von den Diplomaten hervorgesucht, um den Bruch mit Brandenburg zu rechtfertigen, während in Wahrheit nur die Hoffnung auf leichte Beute und die Ordre Frankreichs in den Krieg trieben.[22]) Bald traten die verderblichen Folgen so leichtfertiger Politik zu Tage. Keck drang Wrangel in die brandenburgischen Lande ein und brandschatzte Städte und Dörfer, da erlitten die Uebermüthigen eine furchtbare Niederlage bei Fehrbellin (28. Juni 1675). Nicht bloss dem Streifzug in der Mark war dadurch ein jähes Ende gesetzt, auch Schwedisch-Pommern war verloren. Zugleich erklärte Holland an Schweden den Krieg und ein dänisches Heer überschritt die Grenze.

Die Lage des Landes war eine verzweifelte, aber gerade das Uebermass von Gefahr brachte die überraschende Rettung. Die Nachricht von der Niederlage bei Fehrbellin zerriss das Gewebe von Schmeichelei und Verführung, in welches gewissenlose Höflinge den jungen König verstrickt hatten. Mit kaltblütigem Ernst, dessen ihn Niemand für fähig gehalten hätte, fing er plötzlich an, sich selbst um die Staatsverwaltung zu kümmern und nach eigenem Ermessen Anordnungen zu treffen. Gleich als wäre ihm eine Binde von den Augen gefallen, erkannte er die Schlaffheit und Verderbtheit seiner Umgebung und fasste den Entschluss, fürderhin nur der eigenen Kraft zu vertrauen. Eifriger wurden jetzt die Rüstungen betrieben, Karl selbst trat an die Spitze der Armee. Während er bis dahin seine Tage mit Nichtigkeiten vertändelt hatte, entwickelte er jetzt rastlose Thätigkeit im Dienste des Heeres und des Staates. Schonungslos schritt er gegen Unordnung und Lässigkeit ein und rief dadurch insbesondere in Hofkreisen erbitterte Opposition gegen sich wach.[23])

Noch immer war die Gefahr für König und Volk im Steigen begriffen. Eine Seeschlacht bei Oeland ging verloren, feindliche Kriegsschiffe kreuzten vor Stockholm. Im Lande selbst war unzufriedene Stimmung vorherrschend. Auch die Patrioten wollten nicht begreifen, wie heilsam das diktatorische Vorgehen des Königs, der plötzlich so verschlossen und entschlossen geworden war. Der französische Gesandte nannte in seinen Depeschen an den Versailler Hof des Königs Benehmen läppisch und höhnte, wenn er es so forttriebe, werde er bald seiner Krone verlustig gehen. Ludwig XIV. erlaubte sich desshalb, dem königlichen Bundesgenossen wohlwollende Vorstellungen zu machen und den Rath zu geben, er möge doch entweder seine Flotte oder die bedrängte Hauptstadt besuchen, allein Karl gab ihm zur Antwort, der König Frankreichs möge sich um die französischen Angelegenheiten kümmern.[24])

Nirgend zeigte sich ein Ausweg, kein Freund stand helfend zur Seite, Selbstvertrauen erschien nur noch als vermessener Uebermuth.

Da glückte dem König die erste Waffenthat auf schwedischem Boden. In einem Treffen gegen die Dänen an der Brücke über den Holgefluss bewies er selbst höchste Bravour. Mit Staunen blickte das Heer auf den Verkannten, auf welchen plötzlich des Vaters Geist übergegangen zu sein schien. Von diesem Augenblick an war Schnelligkeit sein bester Bundesgenosse. Am Fyllefluss wurde ein zweiter Sieg erfochten, und das ganze Heer erkannte willig an, dass der Erfolg in erster Reihe dem Muth des Königs zu verdanken war.

Die drohenden Wetterwolken hatten sich aber erst um weniges gelichtet. Zwist und Unzufriedenheit waren gerade aus den einflussreichen Kreisen noch nicht entschwunden, aber der König weiss, was er will, und rasch entschlossen wendet er sich an das Volk. Aus allen Provinzen ziehen bewaffnete Bauernschaaren heran, und bald ist der König in Stand gesetzt, zum Angriff vorzugehen. Angesichts der ehrwürdigen Kathedrale von Lund kommt es zum entscheidenden Treffen. Unermüdlich durchreitet Karl die Reihen und mahnt: „Erinnert euch nur daran, dass ihr Schweden seid!" Sein Pferd wird ihm unterm Leib erschossen, er besteigt ein anderes und eilt in's Vordertreffen. Ein furchtbarer Ringkampf erhebt sich, dreimal glaubt der Schwede, ebenso oft der Däne, den Sieg erfochten zu haben. Wo das hartnäckigste Gefecht, wo die höchste Gefahr, tummelt sich der König wie in seinem Element, und sein leuchtendes Vorbild begeistert die Seinen immer wieder zu neuem Angriff, bis die Feinde weichen.

Die Schlacht bei Lund bedeutet für Schweden die Rettung, sie brachte Vertrauen, Macht, Ansehen zurück. Der Viper der heimischen Zwietracht war der Kopf zertreten, jedes folgende Jahr befestigte sicherer die Autorität des Königthums. Wenn sich auch die schwedische Flotte vor der holländischen zurückziehen musste, war doch im Landkrieg unbestritten das Uebergewicht auf schwedischer Seite. Wie ehedem im deutschen Kriege, folgte das Heer mit blinder Ergebenheit einem Heldenkönig.

Als Frankreich, das sich ebenfalls glücklicher Waffenerfolge zu erfreuen hatte, in Friedensunterhandlungen eintrat, und Ludwig XIV. dem Stockholmer Cabinet den freundschaftlichen Rath gab, es möge sich zu einigen Abtretungen verstehen, um das Uebrige zu retten, erwiderte Karl, er werde niemals, wenn von Abtretungen oder Zugeständnissen die Rede sei, eine andre Antwort finden als ein entschiedenes Nein. Erst als Ludwig die ernste Entschlossenheit seines Bundesgenossen sah, machte er bei den Gegnern seine Autorität geltend, um auch für Schweden einen ehrenvollen Frieden zu erwirken. Fast gegen den Willen Karl's, der Frankreichs Einschreiten als Beschränkung seiner eigenen Autorität auffasste, kam der Friede zu Stande. Nicht ein schwedisches Dorf ging verloren, der Versuch der Nachbarn, Schweden in die Stellung. welche es vor Gustav Adolf eingenommen hatte, zurückzuweisen, war gescheitert [2b]).

Des Königs Waffenglück wirkte entscheidend auf die inneren Landesverhältnisse ein. Es kann hier nicht auf die tiefgreifenden socialen Veränderungen, die ein mächtiges Königswort in Stadt und Land hervorrief, eingegangen werden. Carlson entwirft ein lebensvolles Bild von diesem Uebergang aus der Zerfahrenheit der Oligarchie, der man jetzt alles Unglück der ersten Kriegsjahre zuschrieb, zur unbeschränkten Königsgewalt. Auch im übrigen Europa hatte sich aus dem mittelalterlichen Patrimonialstaat der Absolutismus herausentwickelt, aber der Sieg dieser Regierungsform war nirgend notwendiger und heilsamer als in Schweden. Hier gewährte erst die neue Staatsallmacht den niedrigen Ständen, dem Kleinbürger und dem Bauer, Schutz gegen den übermächtigen Grossgrundbesitz und wurde somit die Brücke zur Volksfreiheit.

Das Ansehen Schwedens in Europa beruhte, wie sich eben deutlich gezeigt hatte, auf seinem trefflichen Heer. Karl konnte sich aber nicht verhehlen, dass die gewöhnlichen Hilfsmittel der Krone zum Unterhalt eines grossen stehenden Heeres auf die Dauer nicht genügen würden. Ausreichende Zuschüsse suchte er desshalb durch die sogenannte „Reduction" zu erlangen, die von den schwedischen Torys kurzweg die „Revolution von 1680" genannt wurde. Ein grosser Theil der Domänen war im Laufe der letzten Jahrhunderte in Besitz des Adels gerathen. Karl setzte nun eine Commission ein, die zu untersuchen hatte, welche Güter ehedem Eigenthum der Krone gewesen waren, und die Beschlüsse wurden sofort mit äusserster Strenge durchgeführt, d. h. die eingezogenen Domänen wurden dem

König zur freien Verfügung gestellt. Es war ein Gewaltakt, ein an sich nicht zu rechtfertigender Staatsstreich, allein er war notwendig, um eine billigere Vertheilung der Steuerlast und eine wirthschaftliche Regelung des Staatshaushalts zu ermöglichen. So urtheilt auch ein erleuchteter Kenner schwedischer Geschichte, König Oskar II., wenn er auch beklagt, dass die Reduction herzloser und strenger durchgeführt wurde als nötig oder wünschenswerth [26]).

Wohl hatten die schwer geschädigten Edelleute Ursache, den König einen harten Despoten zu nennen, aber dieser Tyrann war der Retter und Rächer des Volkes. Die Uebermacht der Aristokratie zu brechen, mit gleichem Eifer aber einen durch Handel und Gewerbe aufblühenden Mittelstand zu fördern, war Regierungsprinzip des „Sonderlings", wie König Karl nach seinen glänzenden Siegen von den fremden Diplomaten respektvoller genannt wurde.

Karl XI. war von mittlerer Gestalt und wohlgewachsen, bis er das linke Bein brach und zu hinken begann; in seinen Mienen war kein Falsch, sein Blick sogar mehr gutmüthig als energisch [27]). „Man siehet so wenig Majestätisches an seiner Person", erzählt ein Publicist, „dass wenn man ihn nicht kennt, man nicht sagen würde, dass dies der König sei" [28]). Ein Feind französischer Mode und unnötigen Schmuckes, stach er auffällig ab von den Edelleuten in Stockholm, die in Versailler Hofsitte Muster und Vorbild erblickten. „Der König tritt wie früher auf", sagt ein andrer Zeitgenosse, „er ist stets gekleidet wie im Lager, mit seinem grossen Schwert an der Seite. Er ist trotz aller ihn umgebenden Gefahren sorglos und thut Alles, was er thut, aus sich selbst; nur Wenige haben Zutritt zu seiner Person, und von Keinem weiss man, dass er Einfluss auf ihn hätte." Der stets nüchterne und strebsame Monarch war ein Freund der Einsamkeit. In einem kleinen Hause in Kungsör, dem nur eine herrliche Aussicht über den Mälarsee Reiz verlieh und das weit abgelegen von andren Behausungen war, verweilte er am liebsten. Wenn seine Anwesenheit in Stockholm nötig war, so ritt er mitten in der Nacht im schärfsten Trab dahin und kehrte ebenso zur Nachtzeit in sein Tusculum zurück. Er suchte die Einsamkeit, um desto ungestörter den Regierungssorgen leben zu können. Den Verächter ernsten Strebens hatte der Krieg selbständig und selbstthätig gemacht; nach dem Friedensschluss ging er daran, eine neue Ordnung der Dinge zu begründen, und verfolgte dieses Ziel mit unbeugsamer Beharrlichkeit. „Er wendet all seine Zeit auf die Affairen", klagt ein höfischer Zeitgenosse, „und fatiguiret sich mehr, als ein König thun sollte" [19].

Alle in den letzten Jahren geschlossenen Friedensbündnisse hatten die fragwürdigen Zustände und unnatürlichen Verhältnisse in Europa nicht beseitigt. Frankreich und seine Gegner rüsteten sich zu einem neuen Krieg. In dem einen, wie in dem anderen Lager warb man um die Unterstützung des kriegstüchtigen Schwedenkönigs.

Er hatte in kluger Berechnung der europäischen Lage mit Dänemark und Brandenburg nach dem Waffengang sich versöhnt und die gefährliche Allianz mit Ludwig XIV. gelöst. Er konnte also nach freier Wahl für die eine, für die andre Partei in die Action eintreten; sein Temperament, sein Ehrgeiz lockten dazu, aber als guter König und weiser Staatsmann verzichtete er auf eine kriegerische Politik und widmete Zeit und Kräfte nur dem Friedenswerk. Nicht ohne Erfolg. Ein neuer Aufschwung gab sich in Handel und Gewerbe kund. „Mit eigenen Augen sehen und durch eigene Arbeitsamkeit voranleuchten", blieb des Königs Wahlspruch. Da aber in der Menschheit nur ein bewaffneter Friede ein garantirter Friede ist, sorgte Karl dafür, dass Armee und Flotte in bestem Stande gehalten würden.

Seiner eminenten Bedeutung unter den lebenden Regenten und der Machtstellung, welche Schweden unter ihm einnahm, fehlte die öffentliche Anerkennung nicht. Ludwig XIV, endlich kriegsmüde, bat den schwedischen König, in seinem Namen und Auftrag mit den alliirten Gegnern in Friedensunterhandlungen zu treten, und sowohl die Seemächte, wie nach einigem Zaudern auch der deutsche Kaiser nahmen die Vermittlung an.

Die an die schwedischen Gesandtschaften gerichtete Mittheilung, dass unter Schwedens Vorsitz die Friedenskonferenzen eröffnet werden sollten, war die letzte Regentenhandlung Karl's XI. Am 5. April 1697 verschied er, nicht zu früh für seinen Ruhm, denn dieser war für alle Zeiten bereits gesichert, aber zu früh für das Reformationswerk, das er begonnen. Die Reduktion hatte zwar die Macht des Adels gebrochen, aber die Gegensätze waren noch nicht ausgeglichen. Karl XI. hinterliess daher seinem Sohne ein kriegserfahrnes Heer, eine zahlreiche Flotte, eine wohlgeschulte Miliz, eine gefüllte Schatzkammer, aber unversöhnt und ungebrochen den Faktionsgeist unter den Ständen, und dieser, nicht Karl's XII. Politik liess den Staat wieder alle Errungenschaften verlieren.

Das Element Karl's XII., das Gebiet seiner Thätigkeit, war der Krieg. Naturgemäss war die Kritik seiner Zeitgenossen von dem Wandel beeinflusst, den sein Glück erfuhr. Solang er kriegerische Erfolge errang, welche in der Weltgeschichte nur wenige ihres gleichen hatten, ward ihm nicht nur von der Mehrheit des schwedischen Volks enthusiastische Verehrung, sondern auch in den Staaten, die mit ihm in Fehde lagen, Beifall und Bewunderung zu Theil. Zwar wurden ihm schon damals in öffentlichen Organen allzustarke Neigung zum Krieg und ungemessene Ruhmliebe zum Vorwurf gemacht, allein man freute sich fast allgemein, dass eine frische Kraft das Intriguengewebe der Höfe keck zerriss; man tadelte zwar, dass er so viele Tausende in den Tod führe und von den Seinen fast übermenschliche Leistungen beanspruche, aber man fügte bewundernd hinzu, dass er wohl hart gegen Andere, gegen sich selbst aber am härtesten verfahre und jede Gefahr und jede Anstrengung mit den Seinen theile. Vor Narwa — so erzählt ein deutscher Zeitgenosse[80]), der Karl's Leidenschaft für Ruhm und Rache streng bekämpft, — wollte der König, durch Strapazen und Kälte gänzlich entkräftet, einen Augenblick ausruhen und legte sich an einem Wachtfeuer nieder. Da fiel sein Blick auf einen Verwundeten, der sich vergebens zum Feuer heranzuschleppen suchte. Unverzüglich erhob sich Karl, trug den Soldaten herbei, legte ihn sich zur Seite und suchte ihn durch die Wärme seines eigenen Körpers zu erquicken. Hunderte von ähnlichen Beispielen, die von seiner ritterlichen Gesinnung und unvergleichlichen Tapferkeit Zeugniss gaben, gingen von Mund zu Mund. Die natürliche Wirkung konnte nicht ausbleiben. „In mancher Stadt des deutschen Reichs", so erzählt jener Zeitgenosse, „waren, so zu reden, die Steine schwedisch und ich glaube, wenn jemand angetroffen worden wäre, der gegen den König mit Reden sich versündigt hätte, dass daraus eine handgreifliche Action würde erfolget sein, welche ohne Blut nicht hätte können gestillet werden"[31]).

Ein Umschwung in der öffentlichen Meinung über den „Löwen von Mitternacht" erfolgte freilich, als er, wie es den Anschein hatte, nicht wie ein berechnender Heerführer, sondern wie ein abenteuernder Kampfhahn seine Truppen in die unwirthlichen Steppen Russlands in Niederlage und Verderben mit sich zog. Von dieser Zeit an begann man vom „nordischen Don Quixote" zu sprechen[32]), während beredte Schmeichler fortfuhren, ihn mit Alexander und Hannibal zu vergleichen[33]). Als „rastlosen Thäter unbegreiflicher Thaten", „als Mann voll Urkraft, Seelengrösse und Herzgluth" preist ihn Ernst Posselt[34]). Am berühmtesten wurde Voltaire's Leben Karl's XII.[35]). „Vielleicht der aussergewöhnlichste Mensch, der je auf Erden war, der all die grossen Eigenschaften seiner Ahnen in sich vereinigte und keinen andren Fehler und kein andres Unglück gehabt hat, als dass er sie alle in überspanntem Masse besass."

Dieses Urtheil ist nicht ohne Berechtigung, aber im Ganzen ist doch Voltaire's Biographie mehr Roman als Geschichte, des Umstands nicht zu gedenken, dass er gelegentlich in Briefen mit jenem seinem Urtheil in bedenklichsten Widerspruch gerieth[36]).

Wahrhaft grosse Menschen haben Achtung vor grossen Eigenschaften Andrer. König Friedrich II. fällt zwar im Antimacchiavell ein hartes Urtheil über Karl, dessen Regentengrundsätze nicht mit dem vom jungen Friedrich aufgestellten Fürstenideal übereinstimmten, allein in den später verfassten „Betrachtungen über Charakter und militärische Talente Karl's XII." wird diesem volle Gerechtigkeit zu Theil[37]). Friedrich sieht in Karl nicht einen vollendeten Feldherrn; um ein solcher zu werden, müsse man unter den Augen eines Meisters erst lernen, nicht schon als Knabe sich an die Spitze einer Armee gestellt sehen. Dem Geschick und dem Muth des jugendlichen Heerführers aber widmet er volle Anerkennung. „So grosse Beweise von kriegerischen Talenten verdienen das Lob aller Jahrhunderte und aller Nationen; darüber muss man freilich staunen, dass Karl XII. gerade in seinen ersten Feldzügen sich am vollkommensten zeigte." Schliesslich gelangt er zu dem Urtheil, das auch heute noch Anspruch auf Geltung hat: „Bei genauer Prüfung gewinnen seine Handlungen ebenso viel, als die meisten seiner Entwürfe verlieren."

Hart urtheilt Napoleon I. über Karl XII.[38]). Er nennt den Feldzug desselben in den Jahren 1708 und 1709 einen Offensiv-Feldzug, der „gegen alle Grundsätze der Kriegskunst geführt wurde." „Die Grundsätze der Kriegskunst sind diejenigen", sagt er an einer andren Stelle, „welche die grossen Feldherrn geleitet haben, deren hohe Thaten uns die Geschichte überliefert hat: Alexander, Hannibal, Cäsar, Gustav Adolf, Turenne, Prinz Eugen, Friedrich der Grosse." Er zählt demnach Karl XII. nicht zu den grossen Strategen und ist dabei gerecht. Und wenn wir Karl XII. mit Napoleon selbst vergleichen, so ist dieser der weitaus genialere Stratege. Aber Karl war ein Charakter. Auch trieb dieser „Soldatenkönig" nie Eroberungspolitik, er führte nicht Krieg um des Krieges willen, sondern weil er ihm aufgedrungen war. Die Völker zeigten auch hier instinktiv die richtige Auffassung. Der trunkene Enthusiasmus für den Weltbezwinger Bonaparte ist verschwunden, dem Schwedenkönig blieb vom eigenen Volke, obwohl ihm aus den Kriegen Karl's XII. Unheil erwuchs, ein liebendes Andenken gewahrt. Kein Schwede hat je anders als mit Ehrerbietung von ihm gesprochen. Seine schwedischen Biographen, Nordberg[39]), Lundblad[40]), Fryxell[41]), verurtheilen zwar sein Vorgehen in einzelnen Fällen, suchen aber stets mit treuester Pietät seinen Vorzügen gerecht zu werden.

Weniger gegen einzelne Handlungen, als vielmehr gegen die ganze Richtung seines Lebens wendet sich Buckle mit bitterstem Hohn[42]). Er sieht in Karl nur den „grossen Räuber", den „königlichen Tollhäusler." „Er wird unter den Bewunderern militärischen Ruhms immer einen gewissen Namen behalten, obgleich seine einzigen Verdienste die waren, dass er viele Länder verwüstete und viele Menschen um's Leben brachte." Dies ist der Standpunkt eines liberalen Doctrinärs.

Und so pflanzt sich der Widerspruch in der Beurtheilung Karl's XII. bis in unsere Tage fort. Für Brückner, den jüngsten Biographen Peters des Grossen, ist er bloss „ein blinder, sinnloser, hartnäckiger Abenteurer", der nichts als seine eigene Leidenschaft und seinen eigenen thörichten Stolz kannte und der nicht allein Schwedens äussere Macht, sondern für ein Jahrhundert auch dessen inneren Wohlstand vernichtete[43]). Wie anders klingt dagegen das Urtheil eines Nachfolgers auf Karl's XII. Thron! König Oskar II. bekämpft in dem von ihm entworfenen Lebensbild Karl's XII. ebenso beredt, wie scharfsinnig die Behauptung, dass Karl in seinen Bestrebungen nur bizarr gewesen sei, und erbringt den Beweis, dass seine Waffenerfolge der verdiente Erfolg einer klugen Taktik und einer persönlichen Bravour ohne Gleichen gewesen sind.[44])

Ebenso günstig sprach sich in jüngsten Tagen ein dänischer Offizier, Sarauw, über Begabung und Wirksamkeit Karl's aus.[45]) Er zerstört zwar durch Zurückgreifen auf die Quellen manchen später emporgewachsenen Mythus von persönlichen Wunderthaten und genialischen Aussprüchen des Königs, sucht aber zu Gunsten Karl's den Beweis zu liefern, dass alle Unternehmungen nach einer wohldurchdachten Anlage mit eiserner Consequenz durchgeführt wurden. Von Ausschweifungen in Ehrgeiz und Ruhmliebe zu sprechen, sei durchaus ungerecht. „Die Feldzüge Karl's XII. sind nichts anderes als Versuche, mit gewaffneter Hand den Besitzstand Schwedens aufrecht zu erhalten. Aus diesem Gesichtspunkt müssen sie betrachtet werden, nur dann sind die Handlungsweise und das Auftreten dieses merkwürdigen Mannes, die scheinbar so viele Contraste enthalten, recht zu verstehen." [46])

Man wird zugeben müssen, dass Karl's militärische Operationen vielfach erst durch Sarauw in rechtes Licht gesetzt worden sind, wenn er auch in dem Bestreben, Alles und Jedes auf klügste und vorsichtigste Berechnung zurückzuführen, in vielen Fällen zu weit geht.

Fast jede neue Quellenpublikation fügt einen neuen Zug zu Karl's Charakterbild. Wie oft sprach man vom rauhen und rohen Kriegsmann, dessen Herz im Lagerleben verwilderte. Lese man dagegen die jüngst veröffentlichten Briefe an seine Schwestern! Sie sind voll Zärtlichkeit und Zartsinns. Als er den Tod seiner ältesten Schwester während seiner Gefangenschaft in Bender erfuhr, schrieb er an die Ueberlebende: „Mein Hoffen beschränkt sich nur noch darauf, dass dieser Brief Dich in guter Gesundheit antreffe, dass unser Herr Dich mir erhalte und dass mir noch einmal in meinem Leben das Glück zu Theil werde, Dich zu sehen. Das Bewusstsein, dass ich Dich noch besitze, lässt mich noch am Leben hangen nach dem furchtbaren Schlag, der mich getroffen hat und den zu überleben ich nicht für möglich gehalten hätte. Mit tausend Schmerzen hätte ich gern die eine Freude erkauft, als der Erste von uns Dreien zu sterben; nun ist es mein liebstes Hoffen, dass ich nicht das Unglück erleben müsse, der Letzte zu sein, und dass unser Herr mir das Glück zuwenden werde, unmittelbar auf diejenige zu folgen, die wir beweinen; es ist dies ein Vorrecht, das ich als der Aeltere in Anspruch nehme." [47])

Wenn uns der Krieger Karl unwillkürlich an den Trollhättafall erinnert, wo die Wassermasse aus dem Bann der Felsen jetzt brandend sich aufringt, jetzt tobend in die Tiefe stürzt, so gemahnt das Privatleben des Königs an jene schmucklosen, doch so reizvollen schwedischen Seen, die still und klar den Himmel wiederspiegeln.

Um seinen Charakter gerecht zu würdigen, muss man auf die Anfänge seiner Entwicklung zurückgreifen, auf seine Erziehung, auf seine Schule des Lebens. Karl erhielt eine streng christliche Erziehung, deren Früchte nie wieder verloren gingen; ein tief religiöser Zug wurzelte fest in seiner Seele. Inmitten der Anstrengung und Aufregung des Kriegs vernachlässigte er die Bibel nicht und keinen Tag versäumte er, mit den Soldaten gemeinsame Betstunde zu halten. Dagegen blieb seine wissenschaftliche Bildung ziemlich vernachlässigt. Was Voltaire von der Jugend Karl's erzählt, ist vielfach romanhaft ausgeschmückt; thatsächlich aber zeigte sich schon im Knaben eine eigenthümliche Mischung von Sanftmuth und Eigensinn. Während er seine Lehrer brutalisirte, weinte er an Gustav Wasa's Grab. Das Wort „Ehre" allein hatte für ihn bestrickenden Reiz. Das Studium der lateinischen Sprache widerte ihn an; erst als man ihm sagte, dass die Könige von Polen und Dänemark in dieser Sprache wohl bewandert seien, entschloss er sich, sie zu erlernen. Dagegen war seine Abneigung gegen das Französische nicht zu überwinden; er war sein Leben lang nicht zu bewegen, einen französischen Brief zu schreiben.[48] Hinwieder war ihm — im Gegensatz zu den meisten Altersgenossen — Beschäftigung mit Mathematik sympathisch, seit er gehört hatte, dass sie ein Haupterforderniss der Kriegskunst sei. Sein liebstes Vergnügen war Reiten und Jagen, und es gewann für ihn an Reiz, wenn Gefahr damit verbunden war.[49]

Nach des Vaters Tod wurde eine vormundschaftliche Regierung eingesetzt, doch war ihre Wirksamkeit von kurzer Dauer. Der junge König, darin unähnlich seinem Vater, brannte vor Begierde, selbst als Gebieter zu schalten, und kam damit dem Wunsche der Nation entgegen, die von der vielköpfigen Regentschaft nichts Gutes erwartete. Ein Staatsstreich brachte die Erfüllung des Begehrens, der Fünfzehnjährige wurde mündig erklärt und übernahm selbst die Regierung.

Bei der Krönung in Upsala entriss er dem Erzbischof die Krone und setzte sie, den Prälaten mit stolzem Blicke messend, sich selbst auf's Haupt. Solche Züge liessen erkennen, dass er von dem ihm übertragenen Beruf eine hohe Meinung hege, aber man glaubte nicht, dass er ebenso ernst seine Pflichten auffassen werde. Gleich seinem Vater wurde er von den fremden Diplomaten am schwedischen Hofe unterschätzt, sie hielten ihn für einen mittelmässigen Kopf, der wohl bizarrer, aber nicht bedeutender Thaten fähig wäre. Seine äussere Erscheinung entbehrte jener majestätischen Würde, die im Siècle Louis XIV. vom Fürsten gefordert wurde. Seine tiefblauen Augen blickten gewöhnlich gutmüthig, ja schwärmerisch, dagegen liess die hochgewölbte Stirn auf Energie und Selbständigkeit schliessen. Anfänglich trug er die von der Hofsitte geforderte Perrücke, schon während seiner ersten Heerfahrt aber schleuderte er sie weg und trug seitdem sein hellbraunes Haar frei. Seine Gestalt war eher klein als gross, aber dieser unscheinbare Körper war elastisch und zäh wie Stahl, sodass er die unglaublichsten Strapazen und Entbehrungen zu ertragen vermochte. Schwelgerei war dem Jüngling, wie dem Manne verhasst, das ganze Hofleben trug einfaches, patriarchalisches Gepräge, Nichts liess vermuthen, dass der junge König seinem Vater oder Grossvater nacheifern werde.[50])

Da gab ein plötzlich ausbrechender Krieg seinen verborgenen Anlagen Spielraum, sich zu entfalten.

Die vorsichtige Politik Karl's XI. hatte zwar den Einfluss Schwedens auf der Höhe erhalten, aber auch den Neid der Nachbarn geschürt. Ohne dass man am schwedischen Hofe die Gefahr ahnte, traten alle nordischen Reiche in ein Bündniss mit dem ausgesprochenen Ziel, die seit hundert Jahren von Seite Schwedens erfahrene Unbill zu rächen und die verlorenen Gebiete zurückzuholen. Die Seele der Agitation war der lievische Adelige Patkul, der einst im Namen seiner Standesgenossen gegen die absolutistischen Neuerungen Karl's XI. aufgetreten war und sich damals nur mit Mühe strenger Strafe durch die Flucht entzogen hatte. Seit dieser

Zeit der heftigste Widersacher Schwedens, suchte er unermüdlich Gewalt gegen Gewalt aufzubieten, um die Unterdrückung der adeligen Vorrechte am schwedischen Königthum zu ahnden. „Gewaltige Wucht des Vorsatzes und auf dem einmal behaupteten Standpunkt ein unerschütterliches Beharren, solche Eigenschaften des Charakters, wie sie je höher nach Norden hinauf ein tüchtiges Deutschthum um so ausgeprägter entwickelt hat, waren Grundzüge seiner Natur." So charakterisirt Norden den erbittertsten Gegner Karl's XII., verhehlt jedoch nicht, dass der heftige, unversöhnliche Fanatiker ständischer Freiheit durchaus nicht jene Sympathien verdient, die er namentlich in Folge seines tragischen Endes gefunden hat.[51]) Zunächst unterhandelte Patkul mit dem Kurfürsten von Sachsen, dem neuen Polenkönig, und fand bei dem lebenslustigen, prunksüchtigen Fürsten, der sein Gold nur allzu rasch entschwinden sah und desshalb jeder Beute verheissenden Chimäre nachjagte, williges Gehör. Ebenso bereitwillig liess sich der russische Czar gewinnen. Russland hatte bisher das politische und militärische Uebergewicht Schwedens am schwersten empfunden. Jetzt sass auf dem Czaarenthron ein Mann, dessen ganze Seele der eine Gedanke ausfüllte: Schwedens Stellung und Einfluss im europäischen Staatensystem zu erschüttern und das moskowitische Reich zu einer Grossmacht zu erheben. Um dieses zu erreichen, musste er vor Allem die Grenze dieses Reiches bis zum baltischen Meer erweitern; um die slavische Welt in engeren Zusammenhang mit dem abendländischen Völkerleben zu bringen, musste man, wie Algarotti es treffend bezeichnet hat, „ein Fenster nach Europa durchbrechen."[52]) Und jetzt schien der rechte Zeitpunkt gekommen. Czaar Peter knüpfte desshalb sofort intime Beziehungen mit König August von Polen an, und bald nach Karl's XI. Tod war ein Bündniss zwischen beiden vereinbart. Zu ihren Gunsten aber erhob sich, was kaum glaublich erscheinen möchte, aber thatsächlich der Fall war, die ganze Macht des Katholicismus, — hegte man doch damals, wie die Berichte der apostolischen Nuntien aus Wien und Warschau beweisen, die feste Zuversicht, dass Peter selbst mit seinem ganzen Volke in den Schooss der katholischen Kirche zurückkehren werde. Aus den von Theiner veröffentlichten, bisher zu wenig gewürdigten Vatikanischen Correspondenzen, die während des nordischen Krieges ausgetauscht wurden, [53]) erhellt unwiderleglich, dass die confessionellen Gegensätze noch immer auf die Politik der Kabinete übertragen wurden, wenn auch freilich egoistische Gewinnsucht bei Allen noch stärker als der Kircheneifer war.

Dafür liefert den Beweis der Beitritt Dänemarks zu der durch Patkul geschmiedeten Allianz. Der Egoismus liess für einen Augenblick die nationalen Antipathien und die Interessenverschiedenheit zurücktreten: schien es ja doch ein Leichtes, durch vereinte Macht den schwedischen Staat mit seinem kaum dem Knabenalter entwachsenen Herrscher niederzuwerfen und ihm jede Demüthigung und jede Busse aufzunötigen. Man nahm sich nicht einmal die Mühe, eine Kriegserklärung zu erlassen, plötzlich warf man die Maske ab und schickte Truppen gegen Schweden.

Auf einer Bärenjagd erhielt der junge König die Kunde, dass die Sachsen gegen Riga heran zögen. Er kehrte sofort nach Stockholm zurück, wo nur Wenige den kommenden Ereignissen gefasst entgegensahen. Im Rath schien er zerstreut und unaufmerksam zu sein, doch plötzlich erhebt er sich und spricht: „Ich werde niemals einen ungerechten Krieg führen, dagegen einen mir aufgezwungenen nur durch die Niederwerfung meiner Feinde beenden. Mein Plan ist, den Ersten, der sich gegen mich erklären wird, anzugreifen und durch seine Besiegung den Andern die Lust zu benehmen, sich gegen mich zu wenden."

Von diesem Augenblick an ist er ganz Mann der That. Auch das einfachste Vergnügen versagt er sich. Nichts hat für ihn noch Reiz und Interesse als das Kriegshandwerk, die Rüstungen zum Kriege werden mit fieberhaftem Eifer betrieben. Im Mai 1700 segelte er von Stockholm ab, das er niemals wieder sah; unerschrocken nahm er, jenem Horatier gleich, den Streit mit drei Gegnern auf, deren Jeder ihm an Macht und Hilfsmitteln gewachsen war.

Ebenso jählings und überraschend wie der Angriff der verbündeten nordischen Mächte auf Schweden, vollzog sich die Abwehr durch den jungen König.

Zuerst warf er sich auf Kopenhagen. Es ist zwar Fabel, dass er Angesichts der feindlichen Hauptstadt in's Meer gesprungen und mit dem Degen in der Faust sofort gegen den Feind gedrungen sei; immerhin erhellt aus den Schlachtrapporten, dass Karl, von dem auch der Plan der Landung auf Seeland ausgegangen war, unter den Ersten beim Angriff war und durch seine Kampflust die Seinen mächtig anfeuerte.[34]) Kopenhagen wurde genommen und der Däne so bedrängt, dass er sich nach wenigen Wochen zu einem Frieden verstand, der Schweden von dänischer Seite sicher stellte.

Ohne Zögern wandte sich dann Karl gegen den zweiten Gegner. Czaar Peter war in Esthland eingefallen und belagerte die Festung Narwa. Die numerische Uebermacht der Russen schüchterte Karl nicht ein. „Ihre grosse Menge wird sie nur belästigen, — ich weiss, was ich thue," erwiderte er auf die Vorstellungen einiger Generäle. Er segelte mit einem Heer über die Ostsee und marschirte, nachdem er bei Pernau gelandet, unverzüglich gegen Narwa. Der moskowitische Soldat war nicht minder zäh und tapfer als der Schwede, aber die unvergleichliche Disciplin der Schweden und die Kühnheit ihres Führers errangen den Sieg; wie glänzend er war, beweist die Thatsache, dass die Zahl der Gefangenen dreimal grösser war, als die Kopfzahl der siegreichen Armee. Vielleicht hätte nun der russische Krieg ebenso rasch wie der dänische im Keim erstickt werden können, wenn Karl den Czaaren verfolgt und kampfunfähig gemacht hätte. Warum dies nicht geschah, ist nicht festgestellt. In einem Memoire Schlippenbach's wird behauptet, Karl habe für Verfolgung gestimmt, die Mehrheit des Kriegsraths aber dies widerrathen; die Tradition lautet, Karl selbst habe sich, von seinem Unwillen über König August verleitet, für den Kampf mit Polen entschieden. Wenn man Karl's Eigenwillen berücksichtigt, klingt die letztere Annahme wahrscheinlicher; allerdings kommt auch in Betracht, dass die Polen schon mit ansehnlicher Truppenmacht auf schwedischem Gebiet standen und der Wunsch, sie daraus zu vertreiben, sehr nahe lag. Dieser Entschluss rettete Russland. Czaar Peter selbst soll damals geäussert haben: „Ich weiss wohl, dass die Schweden uns lange schlagen werden, aber sie selbst werden uns lehren, sie zu besiegen." Während des Zweikampfes zwischen Schweden und Polen gewann Russland Zeit, sich zu erholen und grossartige Rüstungen in's Werk zu setzen.[55])

Karl knüpfte zunächst Unterhandlungen mit missvergnügten polnischen Magnaten an und erhielt thatsächlich von den mächtigen Sapieha und anderen Grossen Zusage der Unterstützung. Im Frühjahr 1701 eröffnete er den Feldzug mit einem glorreichen Sieg an der Düna. Vergebens bat König August um Frieden, Karl wollte nur von Unterwerfung hören: mit einem so treulosen Gegner sei kein Vertrag, keine Aussöhnung möglich. Eroberungspolitik lag ihm fern, er betrieb seine Befehdung August's als ein persönliches Sühne- und Rachewerk. Aber der Krieg ist nur ein politischer Akt und ein politisches Mittel, und in der Politik steht der kluge Calcul über dem persönlichen Affect!

Ein neuer Sieg bei Klissow öffnete die Bahn nach Krakau, wo er im August 1702 einzog. Noch hielt er seine Aufgabe nicht für gelöst. „Ich werde Polen nicht verlassen, ohne August entthront zu haben, und wenn ich fünfzig Jahre hier bleiben sollte."

Unglaubliches war ihm gelungen, oft auch war er im dichtesten Getümmel nur wie durch ein Wunder gerettet worden, — dies bestärkte ihn im Glauben, dass er von der Vorsehung selbst im Kampf für eine gerechte Sache beschützt werde. In dieser fatalistischen Auffassung übersah er, was keinem besonnenen Beobachter entgehen konnte, dass das stillgeschäftige, zielbewusste Vorgehen Peter's, der eben durch Gründung von St. Petersburg seine baltische Politik krönte, den schwedischen Staat in seinen Grundvesten gefährde.[56])

Unterdessen war auch Patkul unermüdlich thätig, gegen don noch unbesiegten Schwedenkönig neue Feinde zu werben, aber das Wiener Cabinet, in schweren Krieg mit Frankreich und Bayern verwickelt, trug Bedenken, einen so schlagfertigen Gegner zu reizen, und auch Preussens König misstraute dem doppelzüngigen Flemming, dem Leiter der sächsisch-polnischen Politik. [57]) August's Schicksal war besiegelt, als Karl durch neue Siege bei Pultusk und Punitz Herr von ganz Polen geworden war.

Ein Anhänger der schwedischen Sache, Stanislaus Leszinsky, wurde zum König Polens gekrönt und schloss im Namen des Staats Frieden mit Karl, der keinen Fussbreit Landes verlangte und nur die kirchliche Freiheit seiner lutherischen Glaubensgenossen ausbedang.

Auf's Aeusserste bedrängt, gab sich August völlig dem Czaaren in die Hände und rief die Russen in's Land. Karl wandte sich desshalb nach Litthauen, konnte aber, da der Feind keine offene Schlacht annahm, in den unübersehbaren Haiden zwischen unzugänglichen Sümpfen nichts ausrichten. Er gab daher plötzlich diese Richtung auf und beschloss, seinen Gegner im Herzen seiner Erblande aufzusuchen. Vergebens erbot sich August, auf Polen zu verzichten; Karl rückte in Sachsen ein, von einem Theil der Bevölkerung, die der aufgezwungenen, unheilvollen Verbindung mit Polen widerstrebte, als Retter begrüsst.

Karl's Zug nach Sachsen war ein Friedensbruch, eine offene Verhöhnung des deutschen Reichs. Allein die deutschen Zustände waren so verworren und zerfahren, dass selbst der zahme Antrag, der Regensburger Reichstag möge diesen Friedensbruch rügen, keine Annahme fand. Kurpfalz hoffte durch schwedische Hilfe wieder die Oberpfalz zu gewinnen, und auch der bayerische Zweig der Wittelsbacher, die besiegten und geächteten Kurfürsten von Bayern und Köln, richteten auf den stammverwandten, unüberwindlichen Fürsten ihre Hoffnung. Kaiser Josef war in der misslichsten Lage. Schlesisches Gebiet wurde ohne seine Genehmigung durchzogen, man hatte in Wien Kenntniss, dass alle Feinde Oesterreichs im schwedischen Lager um Freundschaft und Hilfe baten, aber es fehlte an Truppen und Geld, um den verwegenen Eindringling abzuwehren, und so musste man sich mit Absendung eines Botschafters an König Karl begnügen, um „wegen des Einfalles in das deutsche Kurfürstenthum Sachsen Vorstellungen zu machen." In banger Erwartung harrte der kaiserliche Hof, gegen wen sich die schwedischen Waffen wenden würden; man fürchtete, die Tage Gustav Adolf's seien wieder gekommen! Ein schwedischer König vom Schlage Karl Gustav's, so urtheilte damals Leibnitz, würde gewiss nicht säumen, Schlesien, Böhmen, Mähren, die sammt und sonders nur auf günstige Gelegenheit harrten, um vom Habsburgischen Hause abzufallen, durch Aufreizung religiöser und nationaler Wünsche in Flammen zu setzen.[58])

Um Gewissheit zu erlangen, welche Pläne Karl, der in Sachsen wie der Herr des Landes schaltete, für die Zukunft hege, wurde der gewandte Herzog von Marlborough nach Altranstädt geschickt. König Karl gab zwar gar einsylbige Antworten, aber der Herzog glaubte doch so viel entnehmen zu dürfen, dass der Gefürchtete in ein engeres Bündniss mit Frankreich nicht zu treten gedenke.[59]) Der Widerwille des schlichten Soldatenkönigs gegen das französische Wesen rettete das habsburgische Haus.[60]) Immerhin aber trug Karl auch gegen den kaiserlichen Hof eine auf seine Ueberlegenheit begründete Geringschätzigkeit zur Schau.

Karl XII. hatte jetzt den Höhepunkt seiner Macht erreicht. König August, aus allen Stellungen vertrieben, musste die drückendsten Bedingungen acceptiren, um Frieden zu erhalten; er musste nicht nur seinen siegreichen Gegner persönlich um Gnade anflehen, sondern auch dem neuen polnischen Könige schriftlich und mündlich seinen Verzicht auf Polen bestätigen. Ein von ihm gänzlich niedergerungener und ein von ihm auf den Thron erhobener König, Fürsten und Diplomaten aus allen Ländern Europa's eiferten um die Wette, die Gunst des von unerhörtem Glück getragenen Siegers zu gewinnen.

„Auf den Ebenen von Breitenfeld und Lützen", sagt Danielson, „wo der Ruhm Schwedens seine Morgenröthe gefeiert hatte, strahlte er jetzt in vollem Mittagsglanz. Dort, wo Gustav Adolf die Stellung Schwedens als Grossmacht gegründet, spielte jetzt Karl XII. eine gebieterische Rolle, die niemals einem andern schwedischen König zu Theil geworden."[61]) Inmitten aller Vergötterung blieb aber Karl der nüchterne, einfache Soldat, wie bisher; denn als Soldat fühlte er sich mehr denn als König. „Meine Herzensschwester", schreibt er von Altranstädt an Ulrike Eleonore, „weiss zu erzählen, dass ich bald Hochzeit halten werde; da kann ich nur betheuern, dass ich mich mit meiner Armee vermählt habe, in guten, wie in schlimmen Tagen, im Leben und im Tode."[62]) Gegen Schmeichelei blieb er gänzlich unempfänglich, aus Stolz, nicht aus Bescheidenheit. Als ihm zur Kenntniss kam, dass in Wien ehrenrührige Worte über ihn gefallen seien, gab er dem schwedischen Senat Auftrag, aus den Staatsakten hervorzusuchen, was an unausgetragenen Streitpunkten der Krone Schweden wider das Haus Habsburg anhängig sei. Zugleich verlangte er vom Kaiser in fast drohender Sprache Bürgschaften für religiöse Duldung der schlesischen Protestanten. Und Kaiser Josef, um den Zorn Karl's zu beschwichtigen und einen Einfall der Schweden in Böhmen zu verhindern, gab auch hierin nach und verstand sich zu einem Vertrag, der die Rechte der schlesischen Protestanten gegen jede Bedrückung der katholischen Landesregierung sicherte. Ein von Voltaire mitgetheilter Ausspruch Kaiser Josef's ist wenigstens gut erfunden. Auf die Vorstellungen des päpstlichen Nuntius, dass die Rechte der katholischen Reichsunterthanen nicht genügend gegen die schwedischen Uebergriffe vertheidigt worden seien, soll Josef lächelnd erwidert haben: „Schätzen wir uns glücklich, dass der schwedische König mir nicht zugemuthet hat, lutherisch zu werden; wenn er den Wunsch ausgesprochen hätte, so wüsste ich nicht, was geschehen wäre."[63])

Leider bezeichnet den Höhepunkt der Machtstellung Karl's ein Akt barbarischer Grausamkeit. König August hatte sich zur Auslieferung

Patkul's verstanden. Der Unglückliche, der ja in der That die Seele aller gegen Schweden gerichteten feindseligen Unternehmungen gewesen war und immer wieder Oel in's Kriegsfeuer gegossen hatte, wurde zum Tode verurtheilt.⁶⁴) Vergebens bat Karl's Schwester um seine Begnadigung. „Es wäre mein eigener Wunsch", antwortete Karl, „dass ich der Regung meines Herzens nachgeben dürfte, aber der Fall ist sehr wichtig, und um ein Exempel zu statuiren, darf Gnade nicht bewilligt werden; ich bitte also meinen Liebling, sich nicht in einen so schlimmen Handel einzumischen, Patkul wird nimmer frei."⁶⁵) Der „Hochverräther an seinem Vaterlande" wurde auf grausamste Weise hingerichtet. Zugegeben, dass Karl allen Grund hatte, den Lievländer zu hassen und zu strafen, — es sei nur daran erinnert, dass Patkul, als König Karl einen Preis von 1000 Thalern auf seinen Kopf ausschrieb, 10,000 Thaler auf den Kopf seines Königs setzte, — so bleibt doch diese unmenschliche Rache ein Flecken in Karl's Geschichte,⁶⁶) und es erscheint wie ein Verhängniss, dass seit jenem Tage, da Karl seinen Feind verstümmeln liess, das Glück vom schwedischen Banner sich wandte, — es war gleichsam die Peripetie in dem Drama des nordischen Krieges! —

Alle Welt war im Unklaren, wohin sich Karl eigentlich wenden wolle. Er befahl einem seiner Beamten, ihm schriftlich die Marschrichtung von Leipzig nach — hier hielt er inne und fügte nach einigem Zaudern hinzu: „nach sämmtlichen Hauptstädten Europa's" aufzuzeichnen. Es wurde ihm ein solcher Plan vorgelegt, an der Spitze stand mit grossen Buchstaben geschrieben: Marschrichtung nach Stockholm! Im ganzen schwedischen Heere war ja das Verlangen vorherrschend, die Heimat wiederzusehen, allein Karl äusserte achselzuckend: „Ich sehe wohl, wohin ihr mich führen möchtet, allein wir werden nicht so bald nach Stockholm zurückkehren!"⁶⁷)

Marlborough hatte richtig beobachtet, als er in Karl's Auge ein Aufblitzen beim Nennen des Namens des Czaaren Peter zu erblicken glaubte.

Während der König sich in Polen und Sachsen in unzählige
Kämpfe eingelassen hatte, um eine Krone zu verschenken, hatte
sein gefährlichster Feind Zeit gehabt, die inneren Zustände des Reichs
und das Heer zu reorganisiren.

Karl wusste darum, aber er verachtete diesen Gegner. Die
glorreichen Erfolge, die er seinem strategischen Talente und den
kriegerischen Tugenden seiner Armee verdankte, steigerten das
Selbstvertrauen des jungen Königs zu einem Grade, dass er Alles
zu können sich vermass, was immer er wollen würde. Im Glauben,
dass sein Erscheinen genügen werde, um den Feind zu entmuthigen,
beschloss er, „den König Darius" in seinem eigenen Lande zu schlagen.
Um den Czaaren zu entthronen, zog er in die russischen Steppen.

Auch dieser Plan findet in Sarauw einen Anwalt, er nennt ihn
„einen der genialsten, die je von Feldherrn gefasst worden sind."
„Trafen alle jene Voraussetzungen zu, so wurde der Czar so gewaltig
bedrängt, dass ihm kein anderer Ausweg übrig blieb, als selbst unter
den drückendsten Bedingungen Frieden zu schliessen." [68]) Wir ver-
missen aber in seiner Vertheidigung die nötige Rücksicht auf die
Frage: Was erheischte — nicht Karl's Ruhm, sondern Schwedens
Wohl? in welcher Lage war sein eigenes Land, als er gegen Russland auszog? Sein selbstbewusstes Auftreten hatte ihm unter den
Potentaten nur laue Freunde und erbitterte Feinde geschaffen; es
war vorauszusehen, dass beim ersten Unfall alle Nachbarn sich beeilen
würden, über Schweden herzufallen. Stanislaus Lescinsky konnte
nicht helfen, vielmehr war er selbst der schwedischen Unterstützung
bedürftig, um seinen Thron zu behaupten. In Russland herrschte
zwar aus vielen Gründen Missstimmung gegen Peter, doch sobald es
der Abwehr gegen einen fremden Eindringling galt, standen Alle
wie Ein Mann zum Czaaren.

Und mit welchen Mitteln wagte Karl den ungeheuren Kampf!
Unwillkürlich drängt sich die Parallele mit Napoleon I. auf. Schwedens
König hatte nicht so viele Hunderte, als dieser über Tausende ver-
fügte; endlose Proviantkolonnen begleiteten die „grosse Armee", die

schwedischen Truppen führten auf einigen Wägen etwas Zwieback mit sich.

„Je tiefer er in Russland eindrang," — so urtheilt Friedrich der Grosse. — „um so mehr war er von seinem Königreiche abgeschnitten. Es bedurfte mehr als eines Feldzugs, um dieses Unternehmen zu vollenden. Woher konnte er Lebensmittel nehmen? auf welchem Wege konnten die Ergänzungstruppen sich ihm anschliessen? aus welchem Kosaken- oder Moskowitenflecken konnte er einen Kriegsplatz machen? Wo Waffenvorräthe, Bekleidungsstücke und jene Menge ebenso alltäglicher, wie notwendiger Dinge finden, welche zur Erhaltung einer Armee unaufhörlich erneut werden müssen? So viele unüberwindliche Schwierigkeiten konnten voraussehen lassen, dass die Schweden auf diesem Zuge vor Hunger und Elend umkommen müssten oder der Sieg selbst sie aufreiben würde."[69]) Wäre Karl, so folgert der Meister der Kriegskunst, über Lievland und Ingermannland geraden Wegs auf Petersburg losgegangen, so hätte er nicht nur die hoffnungsvollste Gründung des Czaaren ohne Mühe vernichten, sondern auch seine besten eigenen Provinzen decken und den Abfall der grollenden Nachbarn verhindern gekonnt.

Anfangs hatte es auch den Anschein, als wollte sich Karl gegen den Norden wenden. Er ertrotzte den Uebergang über den Njemen. Kein unwegsamer Wald, kein reissender Fluss hielt seinen Marsch auf, und als sich die Russen zur offenen Schlacht stellten, schlug er sie bei Golowczyn auf's Haupt und zeigte in diesem Treffen glänzender denn je seine Befähigung zum Feldherrn. Czaar Peter war geneigt, dem Siegreichen die günstigsten Friedensbedingungen einzuräumen, aber Karl wollte nur in der Hauptstadt seines Feindes von Frieden sprechen. Nicht nach den nördlichen Provinzen, wo sich leicht die Verbindung mit den eigenen Staaten herstellen liess, wo die Abtheilungen der Generale Löwenhaupt und Lübecker seine Operationen unterstützen konnten, — sondern auf dem schnurgeraden Wege nach dem Mittelpunkt des russischen Reichs, nach dem heiligen Moskau wollte er seine Schweden führen.

Die Kritik Napoleon's über diese Strategie ist vernichtend. „Wenn Karl XII." sagte er, „nach Moskau gehen wollte, hatte er seinen Marsch ganz entsprechend eingerichtet, bis er in die Nähe von Smolensk ankam; seine Operationslinie über Riga nach Schweden war von der Düna gedeckt, sie ging bei Mohilev über den Dnjeper; aber wenn sein Plan war, Winterquartiere in der Ukraine zu nehmen, um dort Kosaken auszuheben, so operirte er schlecht, er durfte dann nicht bei Grodno über den Njemen gehen und in Lithauen einrücken. Er hätte die Weichsel bei Krakau überschreiten, sich an den untern Dnjester wenden und seine Transporte von Schweden hinter der Oder und Weichsel über Krakau kommen lassen müssen; denn es war unmöglich für ihn, die Verbindung mit seinen Staaten mittelst einer Linie aufrechtzuerhalten, welche 240 Meilen weit an der Grenze von Russland entlang lief und diesem die Flanke bot; während es ihm leicht gewesen wäre, dieselbe über Krakau zu erhalten, wo sie durch Litthauen, den Njemen und die Weichsel gedeckt wurde." [70])

Den Marsch nach Moskau sahen Vorsichtigere von vornherein als den Weg zum offenen Grab an. „Aber des Königs Eigensinn ist so gross", klagte Minister Piper, „dass allein noch das Unglück seinen Willen zu beugen vermag und dann fällt das Werk in sich zusammen." Karl selbst hatte schon so oft gegen überlegene Feinde und Naturhindernisse aller Art zu kämpfen gehabt, — er trug auch jetzt nicht Bedenken, mit einem stärkeren Feind und der erbarmungslosen Natur es aufzunehmen. Und sein tapferes Heer folgte ihm, wie der Pfeil der Sehne, durch Wald und Sumpf, keine Gefahren, keine Anstrengungen scheuend, — war ihm doch der König selbst ein unerreichbares Vorbild von Entsagung und Ausdauer. Als ihm ein alter Soldat ein verschimmeltes Stück Brot, die einzige Nahrung seit mehreren Tagen, gleichsam vorwurfsvoll überreichte, ass Karl davon und sagte: „Es schmeckt nicht gut, aber es lässt sich essen!"

Verhängnissvoll wurde für Karl die Verbindung mit dem Kosaken-Hetmann Mazeppa, einem alten, verwegenen Abenteurer, der dem leicht zu Ueberredenden vorspiegelte, er brauche in der Ukraine nur zu erscheinen, um alle Kosaken zum Abfall vom Czaaren zu bewegen und diesen dadurch in äusserste Bedrängniss zu bringen. Karl hatte nur noch 20,000 Mann; unverzagt schlug er aber mit diesem Häuflein den Weg nach der Ukraine ein, der bald nur noch durch Wüsten und Schneefelder führte! Man wird unwillkürlich, wenn man die Geschichte dieser Märsche und Kämpfe liest, an Curtius Rufus' Schilderung des Alexanderzuges nach Indien gemahnt. Ein Feldherr ohne festen Operationsplan, Soldaten in russischem Winterschnee ohne Schuhe, aber Beide, allen Hindernissen trotzend, unaufhaltsam vorwärts dringend! Bald will uns solches Wagen als groteske Abenteuerlust erscheinen, bald als antike Grösse! In den Kämpfen mit den Russen blieben die Schweden fast immer siegreich, aber ihre Zahl schmolz erschreckend zusammen, denn sie konnten nie, die Russen ungehindert immer Verstärkung an sich ziehen. Die Hoffnung, dass die Ukrainer die Gelegenheit benützen würden, sich von Russland loszumachen, schlug fehl, nur wenige Stämme traten auf schwedische Seite. Jetzt drangen Piper, Gyllenbrock, ja Mazeppa selbst auf den Rückzug, allein Karl hielt ihn für ebenso verderblich wie unrühmlich, und — wie die Sachlage einmal war — gewiss nicht mit Unrecht. Jetzt musste Alles auf eine Karte gesetzt, der Versuch gemacht werden, durch eigene Kraft sich Luft zu schaffen!

Am 8. Juli 1709 griff er bei Pultawa die russische Uebermacht an. Die schwedischen Truppen waren durch die schwersten Strapazen gänzlich erschöpft, — und den kaum noch beweglichen Gliedern fehlte das Haupt! Karl war einige Tage zuvor am Schenkel verwundet worden. Nun liess er sich zwar in einer Sänfte in die Schlacht tragen und vermied auch das wildeste Kampfgetümmel nicht, — aber Karl, bald an der Spitze seiner Reiter, bald wieder in Mitten seiner Generäle, hätte doch unzweifelhaft auf den Gang der Schlacht ganz anders eingewirkt! In den kostbarsten Augenblicken zeigte sich insbesondere in Folge von Zwistigkeiten der

Generäle Löwenhaupt und Rehnskiöld eine Zerfahrenheit in den Bewegungen der schwedischen Armee, wie sie in keiner der früheren Schlachten zu Tage getreten war. In furchtbarster Aufregung suchte Karl selbst immer wieder die Seinen zum Angriff anzufeuern, — umsonst! von den langgedehnten russischen Colonnen auf allen Seiten bedrängt, wandte sich das bisher unbesiegte schwediche Heer zur Flucht. —

„Ist also diese siegreiche und triumphirende Armee," heisst es in einem Schlachtenbericht, der in Deutschland das wichtige Ereigniss bekannt machte, „gleich einer himmelhoch steigenden Raqueten durch einen Blitz und Schlag zersprungen." [71]) Noch wichtiger als der vom Czaaren erfochtene Sieg waren die nächsten Folgen. Ungern entschloss sich Karl, die Seinen zu verlassen, aber sein Bleiben konnte den Rest der geschlagenen Armee nicht retten, seine Gefangenschaft vollends wäre der höchste Triumph des Czaaren gewesen. Er flüchtete also auf einem Kahn über den Dnjepr; nach drei bangen Tagen überschritt er den Bug und war auf türkischem Gebiet geborgen. Löwenhaupt aber mit dem Rest des gefürchteten „Carolinischen Heeres" ergab sich, — eine Capitulation, die an Bedeutung nur mit dem Tag von Sedan verglichen werden kann.

Karl hatte Alles auf die Spitze seines Degens gesetzt, jetzt war ihm fast Nichts als dieser Degen geblieben. An einem Tag hatte er die Frucht neunjähriger Anstrengungen, zahlloser Kämpfe und Siege verloren.

Die Niederlage Karl's rief in ganz Europa gewaltiges Aufsehen wach. Seine Freunde zitterten für ihn, seine Feinde triumphirten. In Moskau wurden glänzende Freudenfeste gefeiert. Die Embleme, deren man sich zur Aufrichtung von Trophäen bediente, zeugen davon, dass man Karl's Sache für gänzlich verloren hielt. Da sah man einen Adler, der eine auf den Gipfel eines Berges gekrochene Schnecke — wahrlich eine schlecht gewählte Allegorie! — an der Felswand zerschmetterte, mit der Ueberschrift: „Er wird auf die Höhe geführt um desto tieferen Fall zu erleiden!" einen Kessel mit Wasser, das eben überläuft und das Feuer auslöscht, mit der Erklärung: „Ich selbst bin die Ursache alles Unheils!" u. A. [72]) „Erst jetzt," schrieb Czaar Peter an Apraxin, „ist der Grundstein Petersburg's mit Gottes Hilfe endgiltig gelegt." [73]) Noch vom Schlachtfelde aus sandte er an den sächsischen Feldmarschall eine frohlockende Siegesbotschaft, die sofort an den Vatikan übermittelt wurde. „Um es mit Einem Worte zu sagen," heisst es darin, „das ganze feindliche Heer erlitt Phaëtons Schicksal." [74]) Leibnitz, der ehedem Karl's Sieg bei Narwa in überschwenglicher Weise gefeiert hatte, pries jetzt den „Befreier seines Volkes," Peter, und suchte die Deutschen von der Auffassung, als wäre der Czaar nur der Türke des Nordens, zurückzuführen. [75])

Die furchtbare Niederlage hatte das Uebergewicht Schwedens im Norden vernichtet, daran war nichts mehr zu ändern. — es fragte sich nur, ob der schwedische Staat selbst gerettet werden, ob sein König, ohne Armee, ohne Geld, ja sogar seiner Freiheit beraubt, je wieder in den Kampf mit den triumphirenden Gegnern eintreten könne? Die Lage war eine verzweifelte, aber Karl selbst gab keinen Augenblick die Hoffnung auf. „Der Verlust ist freilich gross," schreibt er, „aber der Feind soll dennoch nicht die Oberhand oder den geringsten Vortheil gewinnen." [76])

Sofort nach seinem Uebertritt auf türkisches Gebiet setzte er alle ihm zu Gebot stehenden Mittel in Bewegung, um die Pforte zu einem Angriff auf Russland zu vermögen. Sultan Achmed gab zwar auf jede Weise seine persönliche Hochachtung vor dem Könige zu erkennen, zauderte aber, den kaum geschlossenen Frieden zu brechen, und liess durchblicken, dass er die Abreise des Gastes in seine Heimat gern unterstützen würde. Allein Karl wollte nie und nimmer als Besiegter zurückkehren und gab die Hoffnung nicht auf, nochmals die Würfel des Kriegsglücks ins Rollen zu bringen. Während er in Bender in unfreiwilliger Musse seine Tage verlebte und zum Erstenmal an der Lectüre eines französischen Dichterwerkes, des Drama's Mithridates, Gefallen fand, da ihn die Lage jenes besiegten, auf Rache sinnenden Königs an seine eigene erinnerte, liess er in

Konstantinopel offen und heimlich für einen Krieg mit dem „Erbfeind der Türkei" werben und vergabte grosse Summen, die er von Kaufleuten geborgt hatte, zur Anzettelung von Intriguen im Harem und im Divan.⁷⁷) Nun schilderte er jenen Czaaren, den er so lange verachtet hatte, als furchtbarsten Gegner. All sein Denken und Trachten ging dahin, die Türken gegen Russland in Waffen zu rufen, um Peter schlagen, das bedrängte Schweden retten und seinen verlorenen Ruhm wieder gewinnen zu können.

Allerdings konnte nur durch einen ausserordentlichen Glücksfall Schweden gerettet werden. Die Niederlage von Pultawa war für alle Feinde gleichsam der Signalschuss gewesen, um auf's Neue über den Nachbarn herzufallen. Sachsen und Dänemark erklärten den Krieg, der Czar suchte das wichtige Riga einzunehmen. In Schweden selbst wogte der Parteienkampf heftiger, denn je. Die Einen begehrten hauptsächlich, wie ihnen vorgeworfen wurde, „in Hoffnung ihrer Particular-Fortune" Fortsetzung des Kriegs, diesen „Königlichen" aber stand eine zahlreichere Partei gegenüber, die nicht nur die Permanenz des Kriegszustands beklagte, sondern auch das absolutistische Regierungsprincip der Pfälzer Könige bekämpfte und sich mit dem Gedanken eines Staatsstreiches trug.⁷⁸) Ueberdies war das Land so ausgesogen, dass die Mittel zur Abwehr der Feinde kaum noch zu schaffen waren.

„Das Elend und die Armut", schrieb General Stenbock im Frühjahr 1711 an König Karl, „können nirgend grösser sein und die Zustände in Schweden sind ganz jämmerlich und unglückselig. Der Eine vermag nicht mehr dem Andern zu helfen. Ich fange an, den Muth sinken zu lassen, und falte die Hände, denn ich begreife nicht, wie die Armee bei dem Mangel an Allem, was ihr unablässig Not thut, erhalten werden soll." Darauf erwiderte aber Karl nur mit einem ungnädigen Verweis ob der Muthlosigkeit des Generals und mit einer wenig tröstlichen Mahnung, seinem guten Stern zu vertrauen.⁷⁹) Auch an die Schwester schrieb er im Mai 1711: „Beunruhigen Sie sich nicht, was auch da kommen mag, denn unser Herr wird Alles zum Guten wenden; nur ist es an uns, den Muth aufrecht zu halten. Wenn neues Unglück uns überraschte, so würde sich doch bald wieder Alles zum Bessern wenden, und wenn mir selbst etwas Unvorhergesehenes zustossen sollte, so bitte ich dennoch meine Herzensschwester, nicht den Muth zu verlieren, sondern im Gegentheil sich fest und entschlossen zu zeigen." [80])

Und in der That schien die ersehnte Wendung einzutreffen. Die Pforte erliess eine Kriegserklärung wider Russland, und der Grossvezier zog gegen den Czaaren, der, um den Türken zuvorzukommen, den Pruth überschritten und die Moldau eingenommen hatte. Es gelang den Türken, ihn zu umzingeln; zu spät erkannte Peter seine schlimme Lage und klagte: „Ich habe den nämlichen Fehler gemacht, wie Bruder Karl!" Auch ihm schien ein Pultawa bevorzustehen, doch rettete ihn die Klugheit des „Mädchens von Marienburg", seiner Gemahlin Katharina. Durch die gleichen Mittel, wodurch der kriegerische Akt eingeleitet worden, Bestechung der einflussreichen türkischen Würdenträger, wurde er rasch beendigt, und Karl, der herbeigeeilt war, um die Vernichtung seines Feindes zu vollenden, blieb nichts als der ohnmächtige Zorn über die abermalige Vereitlung seiner weitsehenden Pläne.

Hätte damals nicht die Pforte mit kläglicher Politik über dem handgreiflichen, aber geringen Vortheil die grosse Gefahr übersehen, welche für sie aus Russlands Aufschwung in der Zukunft erwuchs, — welche tief eingreifende Wirkung auf die Weltlage würde der anscheinend so abenteuerliche Plan Karl's XII. über Jahrhunderte hinaus gehabt haben!

Noch einmal gelang es den Einflüsterungen seiner Agenten, den Sultan zum Krieg gegen Russland aufzustacheln, aber wieder liess sich der Vezier durch russisches Gold gewinnen, und durch Englands und Hollands Vermittelung wurde noch vor Eröffnung des Feldzugs der Friede erneuert.

Dessenungeachtet blieb Karl in der Türkei. Allen Mahnungen

und Befehlen der Pforte, das Land zu verlassen, setzte er ein unerschütterliches Nein entgegen.

Es folgt der Sturm auf Karl's Haus in Bender, von einem ganzen Heere in's Werk gesetzt, die „Kalabalik", Löwenjagd, wie die Türken den Versuch, den Schwedenkönig mit Gewalt zur Abreise zu zwingen, nannten. Bekannt ist, mit welchem Löwenmuth Karl mit dem Häuflein seiner Getreuen gegen die Janitscharen sich vertheidigte, bis er endlich, da er über die Sporen strauchelnd zu Boden fiel, in Gefangenschaft gerieth. [81])

Es ist ungerecht, dem König auch dies als einen Akt wahnsinniger Halsstarrigkeit vorzuwerfen. Er hatte die Beweise in Händen, dass die Abreise nur seine Auslieferung an den Czaaren zur Folge haben werde, — als Kriegsgefangener des Sultans blieb er gegen den Verrath geschützt. Und an ihm hatte es wahrlich nicht gelegen, dass er nicht vor dieser letzten Zuflucht den Soldatentod gefunden hatte. [82])

Ueberhaupt bietet der Aufenthalt „Demirbaschi's," des „Eisenkopfes", in der Türkei ein eigenartiges Bild, und es ist eitle Anmassung, durch Schlagwörter, wie „wahnwitzige Comödie", „lächerliche Planlosigkeit" u. s. w. Karl's Handlungsweise charakterisiren zu wollen. Nach dem Sturme auf das Haus in Bender, wobei Karl mit eigener Hand fünfzehn Türken getödtet hatte, weigerten sich die Janitscharen, ihren Reis zu essen; das war in ihrer Art und Weise ein sehr bezeichnender, drohender Ausdruck ihrer Unzufriedenheit. Aber nicht etwa über den Tod ihrer Kameraden waren sie missmuthig, sondern über die unwürdige Behandlung eines solchen Gastes! „Das ist ein König!" sagte der Tartarenchan Mirsa zum Sultan, „ein Mann, der nur ein Wort auf der Zunge trägt und lieber stirbt, als dass er von demselben abgeht." Auch der Spott über die Bewunderung, welche die „ungesitteten" Türken dem Gast „aus dem dunklen Lande" entgegentrugen, ist nicht am Platze; der „rohe Naturmensch" hat für den Kern eines Mannes sehr oft einen sichereren Blick, als der Culturmensch. Auch Napoleon I. genoss ähnliches Ansehen bei den Arabern; hier wie dort war es auf Achtung männlicher Energie und berechtigten Selbstbewusstseins begründet. Als man dem Gefangenen vorhielt, dass er den Tod so vieler Muselmannen verschuldet habe, wies er auf seinen durchlöcherten und zerfetzten Hut und erwiderte: „Wer seine Hand gegen einen König erhebt, muss billig mit dem Leben zahlen."

Auch als Gefangener setzte er fort und fort Himmel und Erde in Bewegung, um einen neuen Krieg gegen Russland anzufachen, — da kam plötzlich die Nachricht, dass die Adelspartei in Schweden die Einsetzung einer Regentschaft plane. Rasch entschlossen reiste er nun ab, anfänglich mit grossem Gefolge, das er aber in seiner Hast und im Drange, vorwärts zu kommen, bald zurückliess.[83] Mit einfachem braunem Rock und blauem Mantel angethan, mit dem Pass eines schwedischen Hauptmanns Peter Frisch ausgestattet, legte er in vierzehn Tagen den Weg an die Ostsee zurück, obwohl dieser, durch die gebotene Vermeidung feindlichen Gebiets fast um die Hälfte verlängert, über dreihundert Meilen sich erstreckte.

In der Nacht vom 21. November 1714 langte er in Stralsund an.

Schweden hatte so ziemlich alles Gebiet jenseits des baltischen Meeres verloren. Sein Handel, seine Industrie waren lahm gelegt, die Staatskasse leer, das Heer behauptete nur mit Mühe den Rest der Provinzen, — aber von dem Augenblick an, da Karl wieder auf schwedischem Boden erschien, kehrte neue Hoffnung in die Gemüther zurück. Wie ein Abenteurer kehrte ihr König heim, dennoch waren Ehrfurcht und Bewunderung vor dem frommen und tapferen Fürsten im Volke so lebendig, dass Niemand mehr an Pflugschaar und Aussaat dachte, sondern Tausende sich in die Werbestuben drängten, bereit, für ihren Kriegsherrn Leib und Leben zu opfern. Auf seine Heimkehr wurde eine Münze geprägt, worauf die drei Kronen sich zeigen, gegen welche Sturmwinde von allen Himmelsrichtungen blasen, während die aufgehende Sonne schützend sie bestrahlt.[84]

Des bitteren Geldmangels wegen konnten die Rüstungen nur langsam und ungenügend betrieben werden. Zwar gelang es, Frankreich zu neuen Subsidienzahlungen zu bewegen, dagegen scheiterte der Versuch, die Hilfe der Seemächte zu gewinnen. England und Preussen traten offen in die Reihe der Feinde Schwedens.

Trotz verzweifelter Vertheidigung musste Karl das belagerte Stralsund den Dänen und Preussen überlassen. Nicht ohne von seiner persönlichen Tapferkeit und Kaltblütigkeit in der Gefahr neue Beweise gegeben zu haben. Tags über verweilte er auf den Wällen, Nachts machte er Ausfälle oder ruhte, nur in seinen Mantel gehüllt, bei dem Frauenthor in Mitte seiner Soldaten. Er dictirte eben einen Brief, als eine Bombe vor ihm niederfuhr; erschrocken hielt der Secretär inne, aber Karl grollte: „Was hat die Bombe mit dem Briefe zu thun?" Erst als nicht mehr daran zu denken war, die Stadt zu halten, flüchtete er auf einer Barke durch Eisschollen und feindliche Schiffe an's schwedische Festland.

In diesen Tagen gewann, was früher niemals der Fall gewesen war, ein Rathgeber grossen Einfluss auf ihn, ein Staatsmann, der mit ausserordentlicher Begabung und Energie eine verwerfliche Rücksichtslosigkeit in der Wahl der Mittel verband. In Baron Heinrich von Görz glaubte Karl den Gehilfen zu finden, der ihm fehlte. Görz war holstein-gottorpischer Minister. Als solcher hatte er bisher gegen König Karl manche Intrigue gesponnen, was diesem nicht unbekannt sein konnte. Trotzdem schenkte ihm Karl, seitdem er in Stralsund eine Unterredung mit ihm gehabt hatte, unbegrenztes Vertrauen. Görz wurde der Freund des Königs und vollzog, ohne in den schwedischen Unterthanenverband und in eine offizielle Stellung zu treten, in Schweden eine Reihe der wichtigsten Reformen, durch welche in die Bahn Karl's XI. eingelenkt wurde. Der einheimische Adel wusste weder dem Protector, noch dem Günstling Dank dafür; die Herren liessen es sich vielmehr angelegen sein, der Regierung, wo sie nur konnten, Schwierigkeiten zu bereiten und deren innere wie äussere Politik zu lähmen.

Aber Karl war nicht der Mann, den Widerstand und Gefahren in seinen Beschlüssen irre machten. Durch das Unglück nicht gebeugt, führte er die neue Armee im alten Geiste; der Vertraute, ebenso unermüdlich und kühn, nur geschmeidiger und vorsichtiger, besorgte die politischen Geschäfte; zwei Energien, welche auf die Dauer das Schicksal Schwedens wohl commandiren konnten. „Eine grosse staatsmännische Begabung und eine bewunderungswürdige Hingebung für die Sache, der er sich jedesmal weihte, ist Görz nicht abzusprechen," so urtheilt der jüngste Biograph des Ministers, Reinhold Koser, „aber er bleibt der Typus für die anrüchige Kabinetspolitik des achtzehnten Jahrhunderts, er zählt zu den Virtuosen unter jenen Roulettespielern der hohen Politik, die mit kleinen Mitteln Grosses erreichen wollten." [85])

Wenn aber auch die Mittel, deren sich Görz bediente, nicht immer säuberlich waren, seine Absichten waren das wahrhaft Erspriessliche. Der Krieg sollte nur noch fortgesetzt werden, um den Beweis zu liefern, dass Schwedens Kraft noch nicht erschöpft sei, — unter der Hand aber suchte der Minister durch Sprengung der feindlichen Coalition dem schwer bedrängten Staat einen ehrenvollen Frieden zu ermöglichen. [86])

Dank dem erstaunlichen Einfluss des Freundes machte sich Karl mit dem weniger romantischen, aber eminent politischen und vernünftigen Gedanken vertraut, nicht nur auf die Rache für Pultawa zu verzichten, sondern gemeinsam mit seinem gefährlichsten Gegner zu operiren. Vorläufig wurde ein Waffenstillstand mit Russland geschlossen, und der hessische General Rang knüpfte im Auftrag Schwedens im Haag mit dem russischen Botschafter Kurakin folgewichtige Unterhandlungen an.

Um für die aufgegebenen Ostseeprovinzen Ersatz zu finden, warf sich Karl 1716 auf das dänische Norwegen. Allein die kriegerische Operation war nicht genügend vorbereitet, Karl musste nach Schweden zurückkehren. Das Jahr 1717 verging unter Rüstungen und geheimen Unterhandlungen, die nur desshalb so lange erfolglos blieben, weil der Czaar, von der Stimmung in Schweden wohl unterrichtet, der gegenwärtigen Politik nur so lange Dauer versprach, als Karl den verhassten Deutschen zu halten vermochte. Diesem Bedenken gemäss setzte denn auch Peter seine bisherigen Verbündeten davon in Kenntniss, dass Schweden Frieden und Bündniss suche, und gab ihnen die Versicherung, ohne ihr Wissen und gegen ihren Willen nicht pactiren zu wollen.[87]) Dass jedoch die Vorstellungen des findigen Görz nicht erfolglos geblieben waren, beweist schon die Thatsache, dass sich der Czaar während des norwegischen Kriegs durchaus ruhig verhielt und die günstige Gelegenheit zu einem Einfall in Schweden unbenützt liess. Görz operirte, als er endlich mit russischen Gesandten auf der Insel Lofoe zusammentrat, um die letzte Hand an's Werk zu legen, mit solcher Kühnheit, dass ihm in einer Flugschrift zugerufen wurde: noch sei es nicht daran, dass der Besiegte Gesetze vorzuschreiben habe.

Während noch zu Lofoe die Diplomaten tagten, erneute Karl im Winter 1718 den Angriff auf Norwegen. Trotz furchtbarer Kälte und gefährlicher Schneewehen beschloss er die feste Stadt Fredrikshald, die als Schlüssel zum norwegischen Reiche angesehen wurde, zu belagern. Schon war das stärkste Aussenfort Gyldenlöwe erstürmt, schon waren Parallelen in geringer Entfernung vom Hauptwall angelegt, — der Sturm auf die Stadt sollte an einem der nächsten Tage erfolgen. König Karl überwachte wie immer selbst die Schanzarbeiten.

Eben lehnte er sich — am Abend des 11. Dezember 1718 — über eine Brustwehr und blickte aufmerksam auf die feindlichen Bollwerke, — da traf ihn eine Kugel an der linken Schläfe. Er brach sofort todt zusammen.[88])

In den Tagen des Glücks und unbestrittenen Ruhmes hatte er bei einem Besuche des Schlachtfeldes zu Lützen geäussert: „Ich habe immer darnach gestrebt, wie Gustav Adolf zu leben; möchte mir wenigstens vergönnt sein, dereinst wie jener Held zu sterben!"

Bekanntlich erhob sich nach Gustav Adolf's Tod ein Gerücht, der König sei auf der Wahlstatt nicht von einer feindlichen Kugel getroffen worden, sondern der todbringende Schuss sei schwedischerseits gefallen.

Ebenso fand das Gerücht, dass der Richard Löwenherz des Nordens durch die Kugel eines Meuchelmörders den Tod gefunden, schon unmittelbar nach der Katastrophe in Fredrikshald bei Vielen Glauben. Der Argwohn war nahe gelegt, da eine mächtige Partei in Schweden ihre Unzufriedenheit über die Politik des Königs und seines Ministers gar nicht verhehlte, und schien Bestätigung zu finden, als der fieberkranke General Siquier im Delirium sich selbst der Theilnahme an der Ermordung Karl's XII. bezichtigte. Diese Selbstanklage dünkte Vielen um so glaublicher, da Siquier der Vertraute des Erbprinzen Friedrich von Hessen, des Gemahls der Schwester des Königs war, und dieser Prinz im Verdacht stand, die schwedische Opposition heimlich unterstützt zu haben. Viele schwedische Historiker hielten desshalb an der Ansicht fest, Karl sei als ein Opfer heimischer Intriguen gefallen, bis endlich am 31. August 1859 der Sarkophag Karl's geöffnet und der Leichnam untersucht wurde. Auch der königliche Prinz Oskar war Zeuge und bezeichnet als Resultat der genauen Prüfung die Gewissheit, dass die Schädelverletzung nur von einem **grösseren** Geschoss, das aus den feindlichen Linien herübergeschleudert wurde, herrühren konnte. [69])

Mit Karl's Tod änderte sich wie mit einem Schlag die ganze Lage. Der Senat gab das Ereigniss in Fredrikshald nicht eher bekannt, als bis er alle Massregeln ergriffen hatte, um sich der Regierung zu bemächtigen. Die Schwester Karl's, Ulrike Eleonore, wurde auf den Thron berufen, aber unter so vielen einschränkenden Bedingungen, dass sie kaum noch als regierende Fürstin gelten konnte. Durch Verschwörungen eingeschüchtert, überliess sie schon nach kurzer Zeit an ihren Gatten das Scepter. Die Herrschaft der Wittelsbacher auf schwedischem Thron ging damit zu Ende.

Karl's Leiche wurde in der Ritterholmskirche zu Stockholm bestattet. Das Gotteshaus, von uralten Linden umhegt, birgt in seinen Hallen und Kapellen zahlreiche eroberte Waffen und Fahnen.

Unter diesen ihren Siegestrophäen stehen die Särge der Könige aus pfälzischem Stamm, wie auch die grossen Feldherrn des dreissigjährigen Kriegs hier zum letzten Schlaf gebettet sind.

Wenn den schwedischen Landen Gefahr droht, — geht die Sage, — erklingen nächtlicher Weile in den Grüften der Kirche auf Riddarholmen die Harnische und Schwerter, und die grossen Toten erstehen aus den Sarkophagen, um gemeinsam für das Vaterland zu berathen und zu beten.

Die Sage versinnbildlicht die niemals endende Wirkung der Vergangenheit auf die Gegenwart. Wenn auch die unmittelbar von jenen Heldenkönigen errungenen Erfolge verloren gingen, — ihr Beispiel ist ein unvergängliches Erbe: und kommen kann wieder der Tag, da der skandinavische Norden mit ungeahnter Kraftfülle das Erbe der grossen Gustave und Karl antritt!

Anmerkungen.

1) Geijer, Geschichte Schwedens. III, 359 ff.

2) Historisch-Politisch- und Geographische Beschreibung des Königreichs Schweden (1707), 1. Thl., 379: „Von Königlichen Titul und Wappen."

3) Lehmann, Geschichte des Herzogthums Zweibrücken, 443 ff. Die Volksstimmung in der Pfalz während des schwedisch-polnischen Krieges, der Karl Gustav's Ruhm begründete, wird in einem von einem Zeitgenossen verfassten längeren Gedicht „Animorum in Europa et vicina Asia motus de Suecici belli motu in Polonia" (Gryphiswaldiae 1656) folgendermassen geschildert:

„Serenissima domus Electoralis Palatina
Simmerina, Bipontina et caetera,
Magnis imperatoribus, regibus, principibus
    Inclyta,
Tot impacta adversis, inflicta, afflicta,
Tota bello perdita, vix dimidia pacto reddita,
Post tam atroces tempestates,
    Nunc tandem
    Serenum in te jubar regium,
        Carole Gustave,
Sursum contemplatur, veneratur, admiratur,
Sibi suaeque posteritati,
De tanto consanguineo,
Felici victore,
Potentissimo rege,
        Et una
De suo Carolo Ludovico,
Electorum prudentissimo,
Principum vigilantissimo,
Gratulatur, laetatur, arbitratur,
    Nunc a te et illo,
        Deo comite,
Omnem Palatinam restitui rem,
Exultat Patria, gaudent omnes,

> Vos parvuli noscere,
> Ostentare juvenes,
> Mirari senes,
> Agri quoque, neglecto medentium imperio,
> Ad adventum conspectumque vestrum prorepere:
> In vobis salus, in vobis vita, ut vivere delectet;
> Nulla aetas in Palatinatu est,
> Quae vestrae incolumitati non metuit,
> Nulla, quae non ad templa festinat,
> Votis ita nuncupatis,
> Ut illo sibi metu perpetuo frui liceat."

4) Carlson, Sveriges Historia under Konungarne af Pfalziska Huset (1855) in's Deutsche übertragen als 4. u. 5. Band der Geschichte Schwedens in Heeren und Ukert's Geschichte der europäischen Staaten (1855 und 1878).

5) Häusser, Geschichte der rheinischen Pfalz, II, 742.

6) Carlson, Geschichte Schwedens, IV, 7.

7) Lundblad, Geschichte des Königs Karl X. Gustav, a. d. Schwed. übersetzt von einem Pfälzer, I, 74.

8) Ein Porträt Karl Gustav's ist Beern's „Der regierenden Könige in Schweden Leben, Regierung und Absterben" (Nürnberg 1675) beigegeben, ein anderes findet sich in Sam. v. Pufendorf's „De rebus a Carolo Gustavo, Sueciae rege, gestis" (Nürnberg 1696), nach einem Originalbild von David Klöcker.

9) Carlson, IV, 77.

10) Die Umtriebe des Königs von Polen werden beleuchtet in dem „Schreiben Caroli Gustavi etc. an den etc. Römischen Kaiser Ferdinandum III." (1655).

11) Carlson, IV, 42.

12) In Deutschland cursirte eine Spottschrift auf den unerwartet raschen Zusammenfall des polnischen Reichs: „Casus Mirus de Casu Casimiri, nemblich Ein überaus wunderbarlicher Zufall, welcher dem König Casimiro widerfahren." (1655).

„Wunder über Wunder!" — lautet der Anfang, — „Casimirus fällt vom Thron herunter, und zwar fällt Casimirus in einem so kleinen Hui! Diss ist ja freylich ein seltzamer und wunderlicher Fall! Jedoch ist sich nicht so gar hoch darüber zu verwundern: Dann was solte diss für ein Wunder sein, dass dieser grosse König ist worden exrex oder ein König ohne Reich, da die Polnische Nation hat wollen sein exlex, das ist, ein Volk ohne Gesetz? nicht anderst wie ein Wagen ohne Fuhrmann!" —

Aus der grossen Zahl der panegyrischen Schriften, welche den Sieg Karl Gustav's feierten, sei nur der „Königl. Schwedische Stammbaum etc." (aus etlichen authentischen Authoribus zusammengetragen von J. W. Zeittero Stuetgardiano, 1654) hervorgehoben, wo auf den Umstand, dass Schweden seine Grösse drei Gustaven verdanke, verwiesen wird: „Gustavus Primus genannt Erichson, ein Ritter mit dem Zunahmen Trolle, Gustavus Adolphus victoriosissimus rex Sueciae, und Carolus Gustavus modernus rex Sueciae."

„Was sich zweyt, saget man, das dreyet sich auch gern,
Der zwey Gustaven Glück bekannt ist nah und fern,
Des dritten Gustav's Glück verhoffen wir vom Herrn."

„NB. Gustavus und Augustus haben gleichviel Buchstaben und kann von einem Nahm auss dem andern geändert werden. Gustavi sunt Augusti Defensores Augustanae Confessionis."

13) L'état présent de la Suede (1595), 46.

14) Die musterhaft gezeichneten und gestochenen Pläne und Abbildungen sind nach der Natur aufgenommen von Erich Jönson Dalbergh.

15) Carlson, IV, 239.

16) A. Riese, Carl's X. Gustav's von Schweden Kriegsüberzug über das Eis (1880), 68 ff.

17) Carlson, IV, 276.

18) Urkunden und Aktenstücke zur Geschichte des Kurfürsten Friedrich Wilhelm von Brandenburg, VII (Politische Verhandlungen, IV), 323 ff. Droysen, Geschichte der preussischen Politik, III. Bd., 2. Abth., 183 ff.

19) Carlson, IV, 325.

20) Carlson, IV, 355.

21) Carlson, IV, 498.

22) K. Schottmüller, Zur Schlacht bei Fehrbellin, in der Zeitschrift für preuss. Geschichte, 12. Bd., 419.

23) Arndt (Schwedische Geschichte unter Gustav dem Dritten etc., 76) weiss von einer Scene zu erzählen, welche wohl kaum geschichtliche Geltung beanspruchen kann, aber die Ueberraschung, welche des Königs Sinnesänderung hervorrief, trefflich charakterisirt: „Man hatte Karl's des Elften Jugend mit Fleiss so versäumt, dass er mit dem Antritt seiner Regierung kaum schreiben noch lesen konnte: ein Mangel, den er später durch eigene Rüstigkeit zu ersetzen suchte. Als er volljährig als König dem Reichsrathe vorzusitzen anfing, blieb er noch lange der Stumme und Jasagende oder Janickende: denn er sah in den mitsitzenden Greisen die Gesichter vor sich, die den Knaben und Jüngling bisher geleitet und beherrscht hatten. Endlich aber ergab sich eine Gelegenheit, wo er sich seiner Willenskraft bewusst ward und die Reichsräthe eines geborenen Königs gewahr wurden. Es war ein an sich unbedeutender Gegenstand, worüber

gerathschlagt ward und wobei der König den Meinungen und Erörterungen seines Reichsraths gegenüber zweimal Nein zu sagen wagte. Da machte sich der Reickskanzler, weiland des Königs oberster Erziehungsmeister, was sie in Europa mit dem wälschen Namen Gouverneur du Prince nennen, mit strenger und ernster Amtsmiene auf und sprach nach wiederholter langer Erörterung: „Nun dieses dritte Mal werden Euer Majestät den rechten Punkt der Sache wohl begriffen haben." Aber der König, der diesmal zum Hören und Begreifen wenig aufgelegt schien, sprang bei diesen Worten wie ein grimmiger, junger Löwe auf und riss aus dem im Kamin lodernden Feuer die glühende Ofengabel und sie vor den Nasen der Hochgebornen Herren sprützend auf den Tisch schlagend rief er: „Genug begreife ich den rechten Punkt, dass ich König von Schweden bin und dass ihr meine Diener seid." Und die Herren entsetzten sich, unterschrieben das königliche Nein und gingen still auseinander."

24) Carlson, IV, 646.

25) Carlson, IV, 727.

26) Oskar II., König von Schweden, Karl XII. als König, Krieger und Mensch, aus d. Schwed. übers. v. Jonas, (1875), 25. Auch Schlosser (Geschichte des achtzehnten Jahrhunderts [4. Aufl.], 1. Bd., 20) urtheilt: „Karl XI. ward der Rächer seines Volkes; er vergalt der Oligarchie, was sie während seiner Minderjährigkeit gesündigt hatte, aber richtete Schweden wieder auf. Er war als Regent ein harter Despot, ein geiziger Hausvater, aber zugleich ein vortrefflicher Verwalter, er rettete das zerrüttete Reich und sammelte das Geld und die Kriegsmacht, welche seinen Sohn einige Jahre lang zum Gebieter des Nordens machte." Zu anderem Ergebniss gelangt Noorden (Geschichte des achtzehnten Jahrhunderts, II, 12); obwohl er die Notwendigkeit des Gewaltaktes anerkennt, hält er ihn für die Wurzel aller späteren über das Königthum hereinbrechenden Uebel: „Der allerdings unerlässliche Staatsstreich gestaltete unter den Händen eines Karl's XI. sich zum politischen Verbrechen. Gegen seine adeligen Nebenbuhler rief der König die Rachsucht der unteren Volksklassen ins Feld, und nachdem im Jahr 1680 eine Revolution vom Throne herab die Leidenschaft der Waffen missbraucht, richtete der Monarch an Stelle des verheissenen Verfassungsstaates eine uneingeschränkte Willkürherrschaft auf. Hätte dies unverantwortliche Königthum von Schweden wenigstens als Hort der Gerechtigkeit gewaltet! Als Zwang des Staates und nach gesetzlichen Vorschriften geregelt, war die Reduction des adeligen Domanialbesitzes angekündigt worden. Doch eine aristokratische Sippe, welche mit dem Staatsstreich Frieden geschlossen und nun als höfischer Adel den Thron umlagerte, hatte die Handhabung des Reductionsgesetzes an sich gebracht. So war die Rückforderung der Domänen eine Quelle

neuer Zwietracht geworden. Ohne das Wohl der Gesammtheit zu fördern, hatte der Staat so viele Einzelne schwer getroffen. Der junge Absolutismus des schwedischen Königthums ermangelte des Rechtstitels „von Gottes Gnaden." — Ohne Zweifel sind jedoch diese Vorwürfe im Ganzen und Grossen, seit Carlson sein quellenmässig begründetes Urtheil sprach, unhaltbar geworden.

27) Les anecdotes de Suede ou l'histoire secrete des changements arrivez dans la Suede sous le regne de Charles XI. (A la Haye 1716), 154.

28) Geheime Nachrichten vom schwedischen Hofe unter der Regierung Karl's XI. (1716), 161.

29) Ebenda, 163. — Den freien Blick des Königs und eine in seinem Jahrhundert seltene Unbefangenheit des Urtheils beweist eine Aeusserung, die er gegen den Herzog von Holstein über die noch immer zahlreichen Hexenprocesse machte: er zweifle, ob das Bekenntniss der Verurtheilten wirkliche Thatsachen bestätige und nicht vielmehr als Wirkung zügelloser Einbildungskraft zu betrachten sei. (Soldan, Geschichte der Hexenprocesse, herausgeg. von Heppe, II, 177.)

30) Leben und Thaten Carl's des XII., von einer unpartheyischen teutschen Feder (Nürnberg 1719), 3.

31) Ebenda, 5.

32) In der Flugschrift „Die gantz unvermuthete und plötzliche Ankunft Caroli XII., letzteren Königs von Schweden, in dem Reiche der Todten (1719, 21) wird Karl das Geständniss in den Mund gelegt: „Drey Dinge habe ich zu bereuen und zu bedauren Ursache, und zwar erstlich, dass ich zur Zeit meiner glücklichen Progressen nicht moderater und gelinder gewesen. Zweytens, dass ich, so lange mein Unglück und Unstern gedauret, mich nicht traitabler und flexibler finden lassen; und dann, dass ich in meinen Deliberationen und Rathschlägen zu kurtz gegangen; wie ich dann meine Ministros und Generals der massen abgerichtet hatte, dass, sobalden ich den Kopff zu einer Proposition einmal geschüttelt, mir sie zum andern mahl nicht mehr davon sprechen durften; in der Execution meiner Projecte aber liess ich mich allzu hitzig finden."

33) Eine begeisterte Schilderung von König Karl entwirft der Ritter Bellerive, Kapitän der spanischen Gardedragoner, der längere Zeit mit dem König während seines Aufenthalts zu Bender vertraulich verkehrte: „Er besitzet im höchsten Grade alle Kriegs- und politische Tugenden; er gleichet Alexandern an unerhörtem Muthe, Cäsarn an Hertze und Pompejo an Klugheit; doch hat er deren Laster nicht an sich, denn er trinket nicht wie Alexander, er ist nicht ehrgeitzig wie Cäsar, noch wollüstig wie Pompejus." (Gantz neue Reisebeschreibung des Ritters Bellerive aus Spanien nach Bender (1714, 13).

34) E. Posselt, Geschichte Karl's XII. (1791), Vorrede.

35) Voltaire, Histoire de Charles XII; Oeuvres. XXII, 30.
36) Voltaire, Oeuvres, LX, 411 ; LXI, 23. 350.
37) Fréderic II., Reflexions sur le caractere et les talents militaires de Charles XII. (1787).
38) Militärische Klassiker des In- und Auslandes, herausgegeben von G. v. Marics, 6. Heft, 63.
39) Nordberg, Leben Karl's des Zwölften, übersetzt von Heubel (1745).
40) Lundblad, Geschichte Karl's des Zwölften, übersetzt von Jenssen (1835.)
41) Fryxell, Lebensgeschichte Karl's XII., übersetzt von Etzel.
42) Buckle, Geschichte der englischen Civilisation, übersetzt v. A. Ruge, II, 266.
43) Brückner, Peter der Grosse, 501.
44) Oskar II., Karl XII., 81.
45) Sarauw, Die Feldzüge Karl's XII. (1881).
46) Sarauw, 3.
47) Geffroy, Lettres inédites du Roi Charles XII., 40.
48) „Ueberhaupt kann man .... von allen drei Wittelsbachern, am meisten wohl von ... Karln dem Zwölften sagen, dass sie eine grosse Vorliebe für das Deutsche und für die Verbindung mit der deutschen Art und dem deutschen Leben bewahrten und dass sie das Wälsche, das nach ihrem Ausgange beinahe ein volles Jahrhundert in Schweden Alles beherrscht hat, aus angeborner Abneigung von ihren Sitten, ihrer Hofhaltung und Politik fern hielten." (Arndt, a. a. O., 78.)
49) Lundblad, I, 8 ff.
50) Nordberg, II, 755. Ein sehr ungünstiges Bild wird von ihm in Lamberty's Mémoires, IV, 438, entworfen.
51) Noorden, Europäische Geschichte im 18. Jahrhundert, II, 21.
52) Algarotti, Lettres de Russie, 64.
53) Monuments historiques deRussie. extraits par A. Theiner, 375, 387 etc.
54) Sarauw, 45.
55) Ebenda, 87. Lundblad, I, 170.
56) Brückner, Peter der Grosse, 393.
57) Droysen, Geschichte der preussischen Politik, IV. 1, 276 ff.
58) Noorden, II, 245.
59) Lamberty, Mémoires, IV, 432. Ob die hier aufgestellte Behauptung, Marlborough habe den Minister Piper und andere einflussreiche Männer in Karl's Umgebung durch beträchtliche Geldsummen bestochen, auf Wahrheit beruhe, wird wohl kaum festzustellen sein.
60) Bundt, Carl's XII. Verbindungen mit Frankreich während seines Auf-

enthalts in Sachsen im Jahre 1706 7, 8: „Dass dahinzielende Anträge von der französischen Regierung gemacht worden sind, darüber ist man einig; wie dieselben im schwedischen Hauptquartier aufgenommen wurden, darüber war man schon damals bei der Fluth von vagen Gerüchten im Unklaren. Wägt man jedoch die hier und da zerstreuten Nachrichten nach der einen und der anderen Seite hin ab, schliesst man von den Fakten auf ihre Ursachen, so bleibt kaum ein Zweifel, dass Karl seinen Versicherungen und Erklärungen an die Alliirten gemäss die französischen Anträge abgelehnt hat. Eine gewisse Bürgschaft dafür giebt uns zunächst die Person Karl's XII. selbst. Ein Mann von gerader und offener Denkungsart, durchdrungen von einem tiefen religiösen Gefühl, welches oft genug, besonders in seinen Bestrebungen für den Protestantismus, zu Tage trat, zu dessen Beschützer und Vertreter er sich als König von Schweden und Garant des westphälischen Friedens berufen glaubte, konnte Karl mit solchen Prinzipien nie ein Freund der französischen Eroberungs- und Gewaltpolitik werden, ebensowenig, wie ihm die Willkür, mit der der Wiener Hof die deutschen Fürsten massregelte, und die absoluten Prinzipien, nach denen das Reich regiert wurde, behagen konnten."

61) Danielson, Zur Geschichte der sächsischen Politik 1706—1709, 43. Die Hymnen auf den Abschluss des Altranstädter Friedens, die von dem blendenden Eindruck der Siege Karl's XII. auf die Zeitgenossen Zeugniss geben, bei Lamberty, Mémoires, IV, 292.

62) Geffroy, Lettres inédites, 25.

63) Lundblad, I, 383.

64) Nordberg, I, 106.

65) Geffroy, 25.

66) Bergmann (Johann Reinhold von Patkul vor dem Richterstuhle der Nachwelt, 258) urtheilt richtig: „Dürfen Fürsten fremde Verführer ihrer Völker für gefährliche Grundsätze zur Rechenschaft ziehen, so sind sie um so mehr dazu berechtigt, wenn der Verbreiter des Aufruhrs zu ihren Vasallen gehört hat. Patkul war auf eine unrechtmässige Art den Schweden in die Hände gefallen, aber Karl XII. handelte weniger unrechtmässig, wenn er ihn als einen Verbrecher mit dem Tode bestrafte. Die Art der Strafe ist indessen der Hauptvorwurf, den wir Patkuls Richter machen dürfen. Das Schreckliche dieser Strafe (er wurde gerädert) muss jeden empören, der den Verurtheilten für keinen niedrigen Missethäter hält. Als Staatsverbrecher hatte Patkul ein milderes Schicksal verdient."

67) Lundblad, I, 429.

68) Sarauw, 239.

69) Fréderic II., Reflexions, 16.
70) Militärische Klassiker, 6. Heft, 63.
71) Umbständlicher und glaubwürdiger Bericht der unglücklich Schwedischen Niederlage bey Pultawa (1710), 14.
72) Leben und Tod Carls des XII., (1719), 148.
73) Brückner, 414.
74) Monuments historiques de Russie, 433: „Hisce vobis notum facio de magna et insperate de inimicis reportata victoria, quam nobis Altissimus per nostri militis strenuam generositatem et quidem cum exigua clade et amissione nostrorum sequenti modo concessit. Dum nimirum fervens et valde avidus hostis hodie summo mane cum toto exercitu suo tum equitatu, tum peditatu equitatum nostrum agressus est, qui ita strenue se gessit et hosti opposuit, ut non solum magnam cladem hostilis exercitus passus, verum etiam retrocedere coactus fuerit: ubi posthac totus hostilis exercitus se in fronte castrorum nostrorum locarit, contra quem nos mox peditatum nostrum ex circumvallationibus exire et in facie inimici locare, equitatum vero in ala dextra et sinistra permisimus: quod cum hostis conspexisset, illico se in ordine conflictus locare incepit, contra quem autem noster exercitus progressus et eundem ita agressus est, ut non tantum hostis campo seu loco conflictus mox cedere coactus sit, verum etiam multa vexilla et tormenta in praedam reliquerit: ubi etiam in hac actione generalis campi mareschallus Rehnschoeld cum aliis quatuor generalibus, nimirum Schlippenbach, Stachelberg, Hamilton et Rosen cum comite Piper, primo status ministro, et duobus intimis secretariis Hermelin et Cederhielm et aliquot millibus in captivitatem redacti sunt. De quo conflictu, cum modo fieri nequeat, proxime plura particularia transmittemus: uno verbo dicendo totus hostilis exercitus Phaetontis finem accepit. De rege nihil scimus, an inter nos vel mortuos sit."
75) Guerrier, Leibnitz in seinen Beziehungen zu Russland und Peter dem Grossen, 48, 87.
76) Oskar II., 63.
77) Fabrice, Zuverlässige Geschichte Carls XII., Königs in Schweden, während seines Aufenthalts in der Türkei (1759).
78) R. Koser, Die Katastrophe der Schweden in Schleswig-Holstein, in der Zeitschrift für preussische Geschichte, XII, 603.
79) Fryxell, III, 142.
80) Geffroy, 55.
81) In des „Neu eröffneten historischen Bilder-Saals" VII. Theil, 735, ist die Episode richtig geschildert: „Laut einiger Berichte kam er ungern daran, (sich heraus zu begeben,) und war fast des Entschlusses, in den Flammen zu

verderben, als man ihm aber vorstellte, es würde rühmlicher fallen, wann man mit dem Degen in der Faust mitten unter die Türcken dringen, noch einige niederstossen und auf solche Weise nicht ungerochen sterben würde, so liesse er sich diese Meynung gefallen, bey dem Austritt aber aus dem Zimmer verwickelte er sich in die Spornen seiner Stieffel, dass er abermal einen Fall that und solcher Gestalt von denen zulauffenden Türcken mit einem Säbel an der Hand verwundet, gefangen und entwaffnet ward, ehe er sich empor richten kunte. In dieser Action sind bey 200 Türcken und 30 Schweden geblieben, und man hat es als ein Wunderwerck angesehen, dass der König, der allezeit voran gewesen, in dem entsetzlichen Feuer und Tumult beym Leben geblieben ist." Vgl. Lamberty, Mémoires, VIII, 321.

82) Sarauw, 306.

83) Als König Karl den Wunsch äusserte, unerkannt zu bleiben, erwiderte der holsteinische Gesandte Fabriçe, der sich ein freies Wort gestatten durfte: wenn der König jedesmal nach der Ankunft in einer Stadt im Gasthaus Wein fordern, mit der Wirthin verliebte Schnurren treiben und sich die Stiefel ausziehen lassen wollte, werde Niemand in Europa in ihm den schwedischen König vermuthen. (Fabriçe, 427.)

84) Nordberg, II, 557. Die Ueberschrift lautet: Providendo et sustinendo. Eine andere Münze zeigt einen brennenden Scheiterhaufen, in dessen Mitte ein grosser Diamant liegt, mit der Ueberschrift: Fulgentior exit relicto oriente. Auf einer andren sieht man einen ruhig schreitenden Löwen, über ihm den Mond im ersten Viertel und das Sternbild des kleinen Bären am Himmel; die Inschrift lautet: Post tuta silentia luna emicat et prodit. Eine andere zeigt den König zu Pferde und auf der Gegenseite die Worte: Was sorget ihr doch? Gott und Ich leben ja noch!

85) Reinhold Koser in der Allgemeinen deutschen Biographie, IX, 392. Vgl. Schlosser, Geschichte des achtzehnten Jahrhunderts, I, 169.

86) Rühss, Geschichte Schwedens, V, 565.

87) Monuments historiques de Russie, 498.

88) Sarauw, 321.

89) Oskar II., 90.

Von den vielen Schaumünzen, die zu König Karl's Gedächtniss geprägt wurden, zeigt die gelungenste einen gekrönten Löwen. Die Umschrift: Non animo victus, sed fato fractus obibat! erinnert an Tegnér's Verse auf dem Denkmal zu Fredrikshald: Im Glück und Unglück derselbe, über sein Geschick erhaben, konnte er wohl fallen, aber nicht weichen!